행복한 부모 건강한 자녀

부모-자녀 관계증진 프로그램

| 신혜원 · 민성혜 · 정익중 · 권지성 공저 |

유아기 자녀를 둔 부모용 지침서

학지사

머리말

자녀양육은 한 가정의 중대사일 뿐 아니라 국가적으로 볼 때 백년지대계라 할 수 있다. 때문에 부모들은 예나 지금이나 이 주제에 대해 민감하고 그만큼 관심도 높다. 명문 학교나 이름 있는 학원가 주변의 집값이 높고, 독특한 자녀교육 방법론 책이나 훌륭한 자녀양육 성공담 등에 부모들의 관심이 집중되는 현상을 보면 그 말이 사실임을 알 수 있다. 이러한 현실을 반영하듯, 시중에도 자녀양육과 관련된 책이 무수히 많지만 막상 부모-자녀 간에 문제가 있을 때 살펴볼 수 있는 책은 많지 않다. 이 책은 부모-자녀 간에 어려움이 있거나 또는 그 관계에서 발생할 수 있는 문제들을 예방하기 위해 만든 것이다. 따라서 실제 부모들은 물론이고, 부모-자녀 관계에 도움을 주고자 하는 실무자들 모두가 참고할 수 있는 책이다.

부모-자녀 관계는 모든 인간관계 중에서 가장 보편적이고 기본이 되는 관계다. 개인의 인격형성과 사회화의 기본적 교육의 장인 가정 안에서 부모-자녀 관계는 인적인 토대로서 그 중요성이 매우 크다고 할 수 있다. 부모-자녀 관계를 통해 자녀의 친구, 선후배, 선생님, 직장동료, 배우자 등과의 관계의 질을 예측할 수 있다. 그러나 요즘의 현실은 부모-자녀 관계의 이상적인 이미지와는 차이가 있다. 부부간 갈등으로 인한 이혼문제는 자녀에게 심각한 악영향을 끼치고, 아버지의 오랜 부재나 저소득 맞벌이 가정 같은 가족 구조상 문제는 자녀에게 정신적인 고통과 긴장감을 준다. 가족 구조상의 문제가 없다 하더라도 가족 기능상으로 갈등과 긴장을 초래할 수 있다. 이처럼 가족의 갈등과 긴장이 초래될 때 가장 큰 영향을 받는 것이 바로 자녀들이다. 이들은 가정 내의 문제로 인해 인지, 언어, 사회, 정서발달에 큰 어려움을 겪는다.

이러한 상황에서 이화여자대학교 산학협력단(연구책임자: 정익중, 공동연구자: 민성혜, 신혜원, 권지성)에서는 한국연구재단의 지원을 받아 가족의 긴장과 갈등이 초래될 수 있는 가족 형태인 연장입양아동가족의 기초 자료를 조사하고, 이를 토대로 부모와 자녀의 조화로운 관계를 돕기 위한 프로그램을 개발, 실행하고 평가하는 연구를 진행하였다. 이 책은 그 연구 중 하나로서, 부모-자녀 관계에 문제가 있는 가족에게 도움이 되는 프로그램을 개발하여 만든 것이다. 현재 부모 역할이나 양육과 관련된 프로그램과 아동의 발달상 어려움을 지원하는 프로그램이 많이 소개되고는 있으나, 이들 대부분은 부모나 아동 둘 중 하나만을 대상으로 하고 있어서 부모-자녀의 관계 증진에는 한계가 있다. 이 책은 부모와 자녀를 동시에 다루는 부모-자녀 관계 형성에 초점을 두었고, 특히 아동에게 내재된 정서적 어려움을 함께 지원하고자 하였다. 이러한 프로그램 연구를 통해 부모와 자녀를 위한 다차원적 개입 지점의 우선순위를 확인할 수 있으며, 궁극적으로는 건강하지 못한 가족을 지원하는 서비스정책 수립에 적용되어 그 효율성을 증진시킬 수 있을 것이라 기대한다. 저자들은 이 연구의 성과를 바탕으로 부모-자녀 관계에 문제가 있는 가족에게 실질적인 도움이 되길 바라며, 더욱 많은 가족들에게 적절한 지원을 펼칠 수 있는 제도적인 변화가 실현되기를 기대한다. 이 책이 그러한 변화를 이끌어 내는 과정에 조금이나마 도움이 되었으면 한다.

모든 집필진이 가능한 한 최신의 정보와 자료를 참고하여 집필하고자 노력하였으나 마무리를 짓고 보니 좀 더 깊은 논의를 하지 못했다는 아쉬움이 남는다. 더불어 내용면에서도 미진한 부분이 있음을 자인하지 않을 수 없다. 그럼에도 이 책이

현장과 학계의 관심을 더욱 증대시키고 가족지원 프로그램이 바람직한 모습을 찾는 데 작은 힘이라도 될 수 있기를 바라며, 부족한 결과이지만 책으로 내놓고자 한다. 저자들의 학문과 경험의 부족으로 인한 미흡한 부분은 독자 여러분의 애정어린 충고와 지도를 바란다.

끝으로, 집필 과정에서 각자의 바쁜 일정으로 공동 연구가 쉽지 않았는데도 서로 독려하고 힘을 합하여 마무리할 수 있었다는 점에서, 이 자리를 빌려 연구진 한 사람 한 사람에게 감사의 마음을 전한다. 또한 이 연구에 직접 참여해서 책의 기초를 형성할 수 있도록 도와주신 연장입양가족 여러분께 깊은 감사를 드린다. 조금 귀찮고 바로 도움이 되지 않을 수도 있지만, 나중에 비슷한 상황에 처한 사람들에게 도움이 되도록 임상연구에 적극적으로 참여해 준 연장입양가족들의 헌신적인 봉사와 도움으로 이 책이 완성될 수 있었다. 그리고 연구의 시작과 끝을 함께하며 진행과정의 세세한 부분에서 많은 도움을 준 숨은 공로자들인 연구보조원들에게 감사드린다. 마지막으로 이 연구를 지원해 준 한국연구재단과 출판을 맡아 주신 학지사 김진환 사장님과 편집부 여러분께 깊은 감사를 드린다.

2011년 4월

저자들을 대표하여

신혜원

차례

1

긍정적인 부모-자녀 관계

가족…….
인간에게 있어 가장 밀접한 사회적 환경인 가족,
그 안에서 경험하는 것은 가족 외 생활에 지대한 영향을 미친다.
특히 가족 내 부모-자녀 관계가 그러하다.
어린 시절 경험한 부모-자녀 관계는
이후의 성장, 이후의 삶에 지대한 영향을 미친다.
긍정적 경험들은 이후의 삶을 풍요롭게 하는 반면,
부정적 경험들은 이후의 삶에 크든 작든 어려움을 준다.
가족은 어때야 하는가?
가족의 기능성은 무엇인가?
긍정적인 부모-자녀 관계는 무엇인가?

1 가족생활주기에 근거한 부모-자녀 관계

유아기 자녀를 키우는 부모는 종종 자녀를 키우는 것이 매우 힘들게 느껴진다. 항상 자녀를 데리고 다녀야 하며 자녀의 문제를 해결해 줘야 하기 때문에 소진(burnout)을 경험하기도 한다. 자녀를 키우는 일은 엄청난 에너지를 필요로 하고, 자신이 잘 키우고 있는 것인지도 항상 염려가 된다. 이처럼 부모는 정말로 하기 어려운 역할이다. 그러나 부모라고 해서 항상 이러한 위치에 있는 것은 아니다. 언젠가는 나이가 들어 자녀의 도움을 받게도 되고, 자녀가 독립한 후 건강한 노년을 보내는 데 더 신경을 써야 할 때도 올 것이다.

부모-자녀 관계는 성인남녀의 결혼과 임신·출산 과정 혹은 입양을 거쳐 이루어진다. 부모-자녀 관계 이전에 한 남성과 한 여성의 관계에 근거하는 것이라 볼 수 있다.

가족은 관계에 근거한다.

우리는 자라면서 부모와 관계를 맺어 왔고, 결혼 후에는 자신의 자녀와 관계를 맺으며 살아간다.

물론 가족의 형태가 다양해서 무자녀 가족도 있지만, 대체로 가족은 부모-자녀 관계로 이루어진다. 부모에게서 자랐고 결혼하고 임신·출산 과정을 거쳐서 혹은 입양 결정 후 입양하기까지, 부모가 되는 이 모든 과정이 자연스럽게 이루어진다. 그래서인지 우리는 부모가 되기 위한 훈련을 집중적으로 받는다거나, 교육이나 훈련을 통해 긍정적인 양육행동을 익힐 기회도 많지 않다. 그러나 개인의 삶에 부모-자녀 관계가 미치는 영향을 고려할 때 부모-자녀 관계에 대한 교육은 반드시 필요한 부분이다.

부모-자녀 관계는 부모의 연령과 자녀의 연령이 변화하면서 그 성격도 변한다. 이를 가족생활주기와 연결해 보자. 개인의 삶에 주기가 있듯이, 가족 단위에도 주기가 있다. 이것을 가족생활주기라고 한다. 가족생활주기 단계의 분류는 학자나 시대마다 다양하게 이루어지지만, 가족 규모의 변화에 따른 분류를 살펴보면 가족확대기와 가족축소기 등으로 접근할 수 있고, 가족 구성원의 변화에 따라 분류할 수도 있다(김익균, 박은지, 이정남, 2009). 가족마다 처한 상황이 다르고 고유하므로 그 생활주기도 서로 다를 수 있다. 여기에서 제시하는 가족생활주기는 기본적으로 자녀가 있고, 부부가 생애 동안 부부관계를 유지하는 것을 전제로 했음을 유념해 주기 바란다.

우리나라에서 가장 보편적으로 인식하는 가족생활주기는 〈표 1-1〉과 같다.

〈표 1-1〉 가족생활주기

가족생활주기	내 용
가족형성기	혼인 후 첫 자녀 출산까지의 기간
가족확대기	첫 자녀 출산에서부터 막내 자녀 출산까지의 기간
가족확대 완료기	자녀 출산 완료 시기부터 자녀 결혼까지의 기간
가족축소기	첫 자녀 결혼 시점부터 자녀 결혼 완료 시점까지의 기간
가족축소 완료기	자녀 결혼 완료 후 노인 부부만 남는 기간
가족해체기	배우자 사망 후 홀로 생활하는 기간

출처: 김승권 외(2004).

부모-자녀 관계를 살피고 그 관계의 질을 증진시키려 할 때 가족생활주기를 알아야 하는 이유는 가족생활주기마다 관계(relationship)의 형태와 내용이 변화하기 때문이다. 이를 부모가 사전에 인지하고 있으면 자녀와의 관계를 질적으로 유지하는 데 도움을 받게 된다.

첫 번째 주기는 가족형성기로, 결혼하고 나서 첫 자녀를 얻기 전까지의 기간이다. 몇 년이라고 확정 지어 이야기할 수 없음은 가족마다 첫 자녀를 언제 출산하느냐가 달라지기 때문이다. 결혼을 통해 가족이 이루어지는 가족형성기에 부부가 된 한 남성과 한 여성은 가족으로서의 유기적 관계를 맺게 된다. 자녀의 성장·발달에 결혼만족도나 부모의 정신건강, 신체건강이 지대한 영향을 미침은 이미 주지의 사실이다. 따라서 부모-자녀 관계의 기본이 이루어지고 관계 맺음의 질이 결정되는 시기가 바로 가족형성기라고 해도 과언이 아니다. 가족형성기에 부부가 어떤 질의 관계를 맺느냐는 이후의 단계에 영향을 미친다.

두 번째 주기는 가족확대기로, 첫 자녀 출산에서부터 막내 자녀 출산까지의 시기다. 가족확대기에 첫 자녀의 출산 혹은 입양은 가족의 경사가 된다. 새로운 생명은 그만큼 가족 모두에게 기쁨이며 신기한 경험이다. 그러나 신생아의 부모가 되는 것은 시간과 에너지를 많이 요구하고, 새로이 경험하는 자기희생 혹은 자기부인(self-denial)을 요구하기도 한다. 새로이 부모가 되면서 경험하는 정서는 연습되지 않은 것이기에, 자녀로 인한 행복감 및 자긍심과 더불어 자신에 대한 상실감과 불안감을 주기도 한다.

유치원에 상담하러 온 지용이 어머니가 갑자기 창밖을 보며 눈물 짓는다.

교　　　사: 어머, 어머니, 무슨 일 있으세요?
지용 어머니: 저도 선생님 같을 때가 있었어요.
교　　　사: 네?
지용 어머니: 저도 예뻤거든요. 몸매도 좋고요. 애 낳고 정말 이게 뭔지 모르겠어요. 선생님은 충분히 즐기시다가 결혼하세요. 너무 일찍 하지 마세요.

이 시기에 부모-자녀 관계에서 가장 중요한 과업은 긍정적인 부모-자녀 관계의 형성이고, 이에 따른 자녀의 안정적인 애착(secure attachment)의 형성이다. 자녀는 태어나면서 바로 주 양육자(주로 어머니)와 강력한 정서적 유대관계(emotional bond)를 맺는데 이것이 곧 애착이다. 이 시기에 형성하는 관계의 질인 애착은 일생 내내 영향을 미치는 주요한 요인이다.

애착(attachment)은 영아가 양육자를 편안함과 안정을 주는 존재로 생각하고 주변 환경을 탐색하는 동안 안전기지로서 이용하려는 생물학적 경향이다(민성혜, 김경은, 김리진, 이화영, 2010). 다행스럽게도 애착에 대해서는 최근 들어 그 이해 수준이 높아진 실정이다. 그 과정에서 부모 또한 하나의 인간으로서 경험할 수 있는 긍정적 경험들을 하게 되며, 이는 가족관계에서의 긍정적 경험으로 이후의 가족생활에 지대한 영향을 미치게 된다.

세 번째로 맞게 되는 가족생활주기는 가족확대 완료기로, 자녀 출산 완료부터 자녀 출가 이전까지의 시기다. 이는 가장 오랫동안 유지되는 생활주기다. 김승권 등(2004)에 의하면 2000~2003년에 가족확대 완료기는 전체적으로 25.54년 동안 이어졌다. 전체 가족생활주기가 54.66년임을 고려한다면 거의 50%에 이르는 기간이다. 물론 가족마다 이 시기에는 차이가 있다. 예를 들어, 입양가족의 경우 입양부모의 선택에 따라 가족확대 완료기가 보다 연장되기도 하며, 자녀를 출산하지 않는 가족의 경우는 생활주기 자체에 차이가 있다.

가족확대 완료기의 부모-자녀 관계는 가족확대기에 맺은 그 관계의 질에 기초한다. 자녀가 청소년기가 되면 부모와의 관계보다 또래와의 관계나 이성과의 관계가 더 중요하다고 여겨 왔다. 그러나 Ainsworth는 청소년기에는 부모와의 일방적인 애착관계에서 벗어나 상호성을 향한 관계의 재협상이 이루어지면서, 부모와의 애착관계에 근거해 또래와의 상호적인 애착관계를 형성해 나간다고 하였다(홍주영, 도현심, 2002 재인용). Bowlby(1988)도 청소년기에 부모는 여전히 안전기지(secure base)로 남아 있으며 위협을 느끼거나 질병으로 고통받을 때 애착체계가 재활성화된다고 하였다. 부모와의 안정된 애착관계는 청소년기의 다양한 도전에 대응할 수 있도록 도와주며, 효과적인 인간관계를 맺고 높은 사회적 유능감을 갖도록 도와주며, 자아 회복력을 높여 주고 진로 탐색에 있어서도 높은 자아효능감 수준을 유지하도록 도와준다(전효정, 2003). 이 시기를 성공적으로 지낸 가족은 자녀가 청소년기가 되면 양육과 교육에 투자하는 시간이나 에너지는 줄어들더라도 긍정적 관계가 이어져, 다른 가족에 비해 자녀 독립으로 인한 상실감을 덜 느끼게 되고 자녀와의 관계도 긍정적으로 이어갈 수 있다. 이는 자녀가 출가하고 새로운 가정을 이룬 후에도 마찬가지다.

사춘기 딸을 둔 엄마와 딸의 대화다.

엄마: 넌 공부한다고 들어가서 꼭 딴짓하더라.
딸 : 할 거야. 이제 하려고 그러잖아.
엄마: 만날 말만 하지? 너 공부 엄마 좋으라고 하니? 너 좋으라고 하는 거잖아?
딸 : 무슨 나 좋으라고 하는 거야? 엄마 친구들 딸 다 좋은 대학교 가니까 그러는 거잖아. 엄마 창피할까 봐.
엄마: 내가 저를 어떻게 키웠는데, 이제 아주 엄마한테 대들어요.

네 번째 주기는 가족축소기로, 첫 자녀 결혼 시점부터 자녀 결혼 완료 시점까지의 기간이다. 가족축소기에는 새로운 생명인 손자의 출생과 자녀의 부모 됨을 지켜보게 된다. 이 시기에는 세대 간 전이가 나타날 가능성이 높다. 세대 간 전이(intergenerational transmission)란 아동기에 형성된 애착의 질이 성인이 되어서도 그대로 작용함은 물론, 부모가 되었을 때 양육행동에 영향을 주어 결과적으로 자녀와 형성하는 애착관계에도 영향을 미친다는 것이다. 이는 경험적으로 계속 입증되고 있다. 즉, 개인의 양육행동은 어린 시절 부모와의 초기 경험에 의해 형성된 자아 및 부모에 대한 내적 실행 모델에 영향을 받음으로써 애착의 세대 간 전이가 발생한다(전효정, 2003).

한 동네에 사는 아기 엄마 두 명의 대화다.

A 엄마: 자기는 참 애들한테 잘하더라. 애들도 순하고 말이야. 우리 애들은

누굴 닮아 이 난리인지 몰라.

B 엄마: 뭘요? 그 집 아이들도 예쁘기만 한데요.

A 엄마: 아냐, 자기가 애들한테 하는 거 보면 나도 마음이 편안해져.

B 엄마: 저는 애들 키우면서 엄마 생각이 많이 나요. 우리 엄마 참 좋은 분이거든요. 항상 따뜻하고 사랑을 부어 주셨죠.

그다음 주기로 가족축소 완료기와 가족해체기가 있다. 자녀를 출가시켜 다시 부부만으로 구성되는 가족의 형태가 완료기이고, 죽음을 맞이하면서 가족이 해체되어 가족발달주기가 종결되는 시기가 해체기다. 자녀를 출가시킨 부부의 경우에도 배우자의 애착 유형보다 자신의 애착 유형이 결혼만족도와 관련이 더 높다고 할 정도로 개인의 애착은 노인 부부의 관계, 결혼만족도에까지 영향을 미친다(Feeney, Noller, & Callan, 1994).

그동안 우리나라에서는 효(孝) 개념에 의해 부모-자녀 관계가 이어져 왔다고 해도 과언이 아니다. 그러나 시대적 변화에 따라 효 개념이 약화되면서 가족관계 개념 자체가 변화하고 있다.

자녀의 부모를 섬기는 도리인 효보다는 부모와 자녀 간의 상호관계가 더 중요함이 인식되고 있다. 가족생활주기에 따라 부모-자녀 관계의 형태는 바뀔지 모르지만 위에서 언급하였듯이 부모-자녀 관계의 질은 가족뿐 아니라 개인의 인생에도 지대한 영향을 미친다.

2 부모-자녀 관계의 기능성

앞에서 부모-자녀 관계를 살핌에 있어 가족생활주기를 살펴보았다. 여기에서는 부모-자녀 관계에 있어 그 기능성을 살펴보기로 하자.

부모-자녀 관계가 기능적이라 함은 무엇인가? 기능성(functionality)은 체계이론(system theory)에서 가족체계의 기능성을 언급하면서 통용되기 시작하였다. 가족의 기능성은 가족체계가 기능적으로 잘 유지되고 건전한 상태인지를 나타내는 개념이다. 이는 한번 형성되었다고 고정되는 것이 아니라 변화가 있을 때 적절한 응집성과 적응성을 유지하면서 움직이는 유동적 개념이다. 어느 가족마다 어려움이 있고 스트레스가 발생한다. 그러나 기능적인 가족은 이러한 스트레스 상황을 응집성(cohesion)과 적응성(adaptability)에 기초하여 적절히 대처하면서 극복하고 가족관계에서의 평형성(equilibrium)과 항상성(homeostasis)을 유지한다. 반면 그렇지 못한 가족은 스트레스가 발생했을 때 취약하여 가족의 평형이 깨지고 가족체계가 위협을 받게 된다.

예를 들어, 새로운 사람이 가족에 포함되는 경우에는 다른 가족 구성원이 어느 정도 스트레스를 경험할 수 있다. 자녀가 출가하면서 새로운 가족 구성원이 가족에 포함되어 생활을 같이하거나 입양과정을 거쳐 새로운 구성원이 가족에 포함되어 생활을 같이하면서 변화를 경험할 수도 있다. 이러한 경우 기능성은 새로운 변화에 대해 가족체계가 평형성과 항상성을 유지하며 기능적으로 유지되는지에 관련된 개념이다.

[그림 1-1]은 가족체계의 복합구조모형(최선희, 1998)을 나타낸 것이다.

이 복합구조 모형 내에서 가족 응집성은 가족 구성원 간의 정서적 유대(emotional bond), 가족 외부환경과 하위체계들 간의 경계(boundaries), 지지가 이루어지는 대상과 정도(coalitions), 가족의 공동시간과 개인사적인 시간의 허용 정도(time), 가족의 공동 친구와 개인사적 친구의 인정(friends), 의사결정 유형(decision making), 가족의 전체 오락 활동과 개인의 활동보장의 정도(interests recreation)에 따라 그 수준이 결정된다(Olson, Russell, & Sprenkle, 1983). 정도에 따라 과잉 응집된 가족은 밀착(enmeshed) 가족이라 하며 다음으로는 적당히 높은 응집(connected), 적당히 낮은 응집(separated) 그리고 응집력이 거의 없는 과잉분리(disengaged) 가족으로 분리된다. 각각을 살펴보도록 하자.

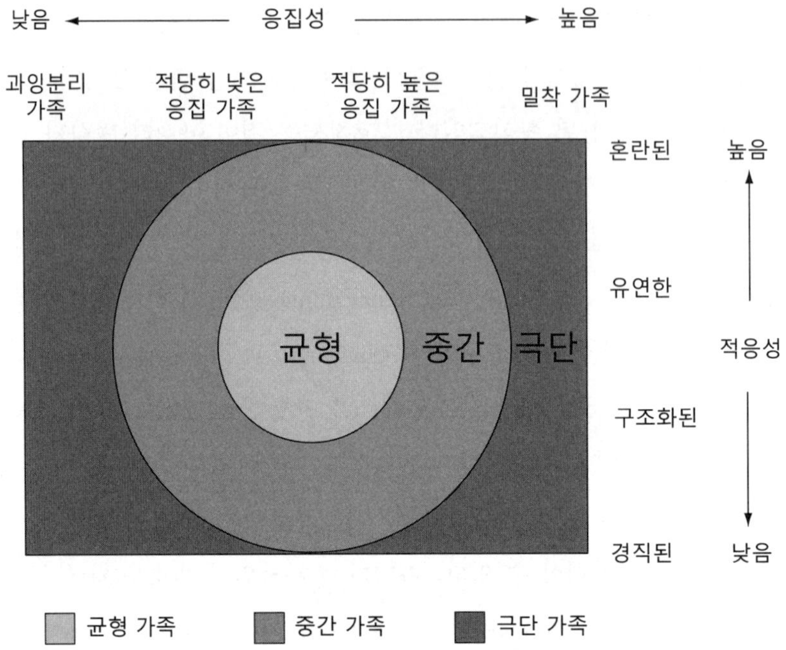

[그림 1-1] 가족체계의 복합구조모형

출처: 최선희(1998).

첫 번째로 밀착 가족(enmeshed family)은 가족 응집성이 지나치게 높은 경우다. 서로 간에 지나치게 동일시하여 가족 내에서 정서적 유대감이 너무 높기 때문에 가족에 대한 소속감을 지나치게 요구하게 되고, 이로 인해 각 개인의 자율성이 방해받게 된다.

밀착 가족

아 들: 전 애니메이션 학과에 갈 거라고요.

아버지: 우리 집안에는 그런 직업을 가진 사람이 없어. 넌 형처럼 변호사가 되어야 한다고.

아 들: 아버지, 전 얼마든지 훌륭한 애니메이션 감독이 될 수 있어요.

아버지: 시끄러! 우리 집안은 대대로 변호사 집안이야. 다른 애들처럼 살 생각하지 마라.

가족 성원끼리 서로 간에 동일성을 요구하는 밀착 가족은 새로운 변화가 생기거나 새로운 상황에 들어가면 그 변화를 받아들이지 않는다. 그러다 보니 가족 기능성의 붕괴위험이 높아지고 서로 간에 상처를 줄 가능성도 높아진다.

두 번째로 과잉분리된 이탈 가족(disengaged family)은 응집성 수준이 과도하게 낮아, 가족 성원 각각의 자율성이 지나치게 강조되고 다른 가족 성원과의 공유가 지나치게 적어 연결감이 적다.

과잉분리된 가족

엄마: 엄마가 새로 운동을 좀 시작해 보면 어떨까?
딸 : 맘대로 해. 그걸 왜 나한테 물어?
엄마: 너한테 물어보는 것도 잘못된 거냐?
딸 : 아이! 맘대로 하면 되잖아.

과잉분리된 이탈 가족은 새로운 변화에는 별로 민감하지 않을 수 있으나 가족 간에 공유되는 바가 적고 가족체계를 유지하고자 하는 마음이 적어 부적절하다. 혹은 새로운 변화 자체가 가족 전체를 흔들어 놓을 수도 있다.

세 번째로 적절한 응집을 강조하는 가족(connected family)은 가족 성원 간의 독립성과 자율성이 인정되면서도 가족 간에 공유되는 바가 있고 신뢰에 기초하고 있어 어떤 상황이 생기더라도 항상성을 유지할 수 있다. 새로운 변화가 생기더라도 가족 간에 서로 협의하면서 그 과정을 극복하여 다시 평형성과 항상성을 유지하게 된다.

적절한 응집을 강조하는 가족

딸 : 엄마, 이제 직업을 정해야 하는데 선생님도 하고 싶고 회사에도 취직하고 싶고, 어쩌면 좋아?
엄마: 고민되겠구나. 선생님을 하면 어떤 점이 좋고 어떤 점이 어려울 것 같니?
딸 : 애들하고 지내면 좋을 것 같은데, 반면 힘들 것 같기도 해. 문제 학생이

있거나 하면 정말 힘들 것 같아.

엄마: 애들은 좋고? 회사에는 애들이 있는 건 아니니까.

딸 : 그러니까. 그래도 월급도 많고 그 일도 재미있을 것 같아.

엄마: 정말 결정하기가 힘들겠구나. 오늘 한 번 좋은 점과 어려운 점에 대해 같이 좀 더 생각해 보기로 하면 어떨까?

우리 가족의 경우는 어떨까? 다음 몇 가지 질문에 답해 보자.

- 우리 가족은 어려울 때 서로서로 도움을 요청한다.
- 가족끼리 여가시간 보내기를 좋아한다.
- 가족끼리 함께 할 수 있는 일을 쉽게 생각해 낼 수 있다.
- 우리 가족은 각자의 일을 결정할 때 가족 구성원들과 상의한다.

출처: Olson, Portner, & Levee(1985). FACE III에서 발췌.

한편 가족 적응성이란 상황적으로 또는 발달단계상 일어날 수 있는 스트레스에 반응하여 가족체계의 권력구조, 역할관계 및 규칙들을 변화시킬 수 있는 능력으로 가족 성원들이 가족체계를 어느 정도로 변화시킬 수 있는지를 보는 개념이다. 이는 융통과 구조를 경험하면서 가족 개개인의 자기 주장을 하는 것(assertiveness), 통제(control), 부모의 자녀에 대한 훈육(discipline), 가족 구성원 간의 협상능력(negotiation), 역할 확립 및 역할 분담(role relationships), 가족 규칙의 명확성 및 융통성(relationship rules)으로 이루어져 있으며, 그 정도에 따라 혼돈된(chaotic), 유연한(flexible), 구조화된(structures), 그리고 경직된(stricted) 상태로 분류된다.

우리 가족의 경우는 어떨까? 다음 몇 가지 질문에 답해 보자.

- 우리 가족은 문제를 해결할 때 자녀들의 의견을 받아들인다.
- 우리 집에서는 상황에 따라서 규칙이 바뀔 수도 있다.
- 집안일을 할 때 우리 식구 모두가 함께 돌아가면서 한다.
- 우리 가족 중 누가 주도적 역할을 하는지는 정해져 있지 않다.

출처: Olson, Portner, & Levee(1985). FACE III에서 발췌.

이상에서 살펴본 응집성과 적응성은 극단적이기보다 균형을 이룰 때 가족이 기능적이 될 가능성이 높다. 이에 근거하여 부모-자녀 관계의 기능성을 본다. 부모와 자녀 간에도 적절한 경계를 가지고 응집성과 적응성을 균형 있게 유지하는 것이 부모-자녀 관계의 기능성이라 할 수 있다. 과도한 밀착으로 응집성이 과한 것은 부적절하고, 반대로 과도한 분리로 응집성이 부족한 것도 부적절하다. 그리고 부모와 자녀 간에 경직된 경계를 가지고 협상을 불허하는 관계를 가지는 것은 부적절하고, 반대로 너무 개방적이어서 공유된 방식이 부재하는 것도 부적절하다.

부모-자녀 관계의 질이 안정적이어서 안정 애착을 형성한 경우, 부모와 자녀 모두 어려운 상황에서도 서로 간에 신뢰를 잃지 않고 서로 타협하며 적절한 상태의 기능성을 유지할 수 있다. 이에 반해서 부모-자녀 관계의 질이 불안하여 불안정 애착을 형성한 경우, 자녀는 부모의 눈치를 보고 부모가 언제 기분 좋은지 나쁜지를 신경 쓰게 되어 부적절한 행동을 하게 되고, 이에 부모의 기분을 나쁘게 해서 부적절한 훈육을 받게 되면서 악순환이 반복된다. 이러한 악순환은 부모-자녀 관계에 경직성을 더하고 적절한 협상방식의 구축을 방해할 수 있어 기능적인 부모-자녀 관계의 형성을 저해한다.

3 부모-자녀 관계의 상호성

부모는 자녀에 대해 무조건적인 사랑을 주는 존재로 인식된다. 반면 자녀는 효심을 다해서 부모를 섬겨야 한다고 인식되어 왔다. 이러한 인식에 기초하여, 지금까지 부모가 긍정적 양육행동을 하면 자녀가 안정 애착을 형성하고(한태숙, 황혜정, 2010), 자아존중감이 높고(윤선영, 정혜숙, 2010), 또래와 잘 지내며(박서영, 박성연, 2007; 우수경, 2005; 이진화, 2009), 창의적이 되고(성은현, 조경자, 이문정, 2008) 문제행동도 하지 않는(이혜상, 2003; 정계숙, 이은하, 2003) 것으로 밝혀졌다.

그러나 부모-자녀 관계는 절대적으로 상호성을 가진다. 애착은 주 양육자와 자녀 간에 형성하는 정서적 유대다. 주 양육자가 긍정적 양육행동을 하면 자녀도 긍정적 신호를 주 양육자에게 보내고 상호 신뢰를 보이는 관계를 맺게 된다. 기존의 기질과 애착의 관계에 관한 연구들에서는 주로 일방적 관계에 초점을 맞춰, 까다로운 기질의 아동은 불안정 애착을 형성할 가능성이 높다고 주장하여 왔다. 그러나 기질에 대한 조화의 적합성(Thomas & Chess, 1977)에 의하면 기질 자체가 아동의 발달 특성에 차이를 가져오기보다는 기질과 아동이 속한 물리적·사회적 상황의 일치 여부에 따라 발달결과가 달라질 수 있다.

박응임(1999)은 아동의 기질 자체보다는 어머니가 그 아동의 기질을 어떻게 받아들이고 반응하는가가 아동과 어머니의 관계의 질, 즉 애착에 영향을 미친다고 하였다. 이는 애착이 일방적으로 이루어지는 것이 아니라 아동의 특성과 어머니의 반응의 상호성에서 나오는 것임을 말해 준다. 이것은 부모-자녀 관계, 즉 애착의 증진을 위해서는 부모 대상의 프로그램이나 자녀 대상의 프로그램만 계획하기보다는 부모와 자녀 모두를 대상으로 하는 프로그램도 계획해야 함을 시사해 준다.

2

건강한 부모-자녀 관계 만들기

1. 부모 역할 다지기 과정의 개요
   1) 소집단 구성하기와 운영하기
2. 프로그램의 실제: 부모-자녀 관계 다지기
   1) 1회기: 자녀의 관점으로
   2) 2회기: 공감하기
   3) 3회기: 부모-자녀 관계의 질
   4) 4회기: 훈육하기
   5) 5회기: 일상생활 지도
   6) 6회기: 양육 효능감 증진
   7) 7회기: 자녀의 자아존중감 높이기
   8) 8회기: 효과적인 칭찬
   9) 9회기: 수료식

1 부모 역할 다지기 과정의 개요

부모 역할 다지기는 기존의 부모 역할에 대한 개념을 배우는 교육적인 프로그램과 차별화되는 과정으로서, 부모교육이나 아동발달 전문가가 이론적인 개념을 설명하고 이해시키는 프로그램이라기보다는 스스로 참여하고 그 과정에서 부모 자신의 스타일을 만들어 가는 과정이라고 할 수 있다. 각 부모들이 가지고 있는 부모 역할에 대한 개념을 점검하면서 스스로 부모 역할 개념을 재형성하고 양육기술을 개발하여 효과적인 부모 역할을 하게 됨을 최종 목표로 한다. 따라서 부모 혼자보다는 다른 부모들과 함께 경험을 나누고 서로를 격려하는 소집단을 구성 · 운영하는 것이 효과적인 방법이다. 소집단으로 운영되면 각 부모들은 자신의 경험과 감정, 생각 등을 나누면서 스스로의 모습을 되돌아보기도 하고, 다른 부모들이 상대 부모에게 더 적합한 방법을 찾아주고 권해 주는 경우가 많다. 또한 자신이 실패한 경험담을 털어놓으면서 좀 더 효과적인 방법으로 부모 역할을 하도록 적극적으로 설득하게 된다. 그것이 선배 부모로서의 진솔한 경험이므로 상대 부모를 설득하기도 하고, 실패한 부모에게는 위로가 되어서 적극적인 부모 역할을 하도록 도와주기 때문이다.

부모 역할 다지기는 총 9회기로 구성되어 있는데, 각 회기마다 부모 역할의 개념에 대한 탐색과 각 부모들이 자신의 경험을 나누며 스스로 정리하고 적용할 수 있도록 1명의 안내자가 진행하는 것이 효과적이다. 안내자는 아동발달을 전공하거나 부모 역할 경험이 있는 경우가 도움이 되지만, 무엇보다도 다양한 부모들의 생각과 다양한 가정환경, 다양한 아동 특성에 대해서 개방적인 생각을 가지고 있어야 한다. 즉, 가르치려 하기보다는 각각의 상황과 특성을 이해하고 수용하려는 자세가 더 중요하다. 부모들은 자신의 경험을 전폭적으로 신뢰하는 경우가 많아서 자신과 다른 경험이나 의견을 수용하지 못하거나 심한 경우 공격하기도 하고 자신의 경험과 생각만이 옳다고 강하게 주장하기도 한다. 안내자는 이런 부모들로 인해 다른 부모들이 위축되지 않도록, 참여하는 모든 부모들이 자신의 경험과 생각을 편안하게 나눌 수 있는 분위기와 기회를 균형 있게 제공해야 한다. 그렇게 함으로써 부모들은 자신의 생각과 경험을 나누면서 스스로 창의적인 방법과 기술을 생각해 내거나 더 효과적인 방법을 개발하게 되며, 건강한 부모 역할 개념을 형성하기 위한 동기가 강화되어 부모-자녀 관계의 문제를 보다 적극적으로 해결하고 부모로서의 자신감과 효능감을 형성하게 된다.

9회 동안 진행하게 될 프로그램의 개요는 〈표 2-1〉과 같다.

〈표 2-1〉 부모-자녀 관계증진 프로그램 구성

단계	부모-자녀 관계 다지기	양육 워크북	동화를 통한 유아의 정서중재 프로그램
1	자녀의 관점으로	자녀의 놀이에 동참하기	분노/증오 다루기 1: '미운 오리 새끼'
2	공감하기	자녀의 거울이 되어 주기	분노/증오 다루기 2: '해와 달이 된 오누이'
3	부모-자녀 관계의 질	명상하기 놀이	감정 숨기기, 상실감 다루기: '라푼젤'
4	훈육하기	부모 휴식 계획하기	성실/희망 다루기: '천도 복숭아'
5	일상생활 지도	일상생활지도-식사 예절, 소비생활	상실감 극복하기, 용기 다루기: '백설공주'
6	양육 효능감 증진	자녀와 함께 웃음 만들기	도움 요청하기, 감사함 다루기: '꿀벌 마야의 모험'
7	자녀의 자아존중감 높이기	자녀와 즐거운 경험 만들기	희망/성실함 다루기: '소공녀'
8	효과적인 칭찬	자녀의 안정된 생활	분노 승화하기, 희망 갖기: '반쪽이'
9	수료식	규칙적인 생활	꿈/희망 다루기: '키다리 아저씨'

이 프로그램은 세 부분으로 구성되는데, 첫 번째는 부모-자녀 관계에 대한 부분이다. 이 부분은 매 회기에 부모와 자녀가 간단한 활동을 하면서 자녀와의 관계를 점검해 보거나 제시된 주요 개념을 적용해 본다. 각 회기에 제시되는 주요 개념은 안내자가 가능한 한 이해하기 쉽고 간략하게 설명하고, 부모들은 각 개념에 해당되는 자신들의 경험을 나누면서 그 개념을 자신의 것으로 재정의한다. 두 번째는 일상생활에서 적용해 보는 양육 지침에 대한 부분이다. 건강하게 자녀를 양육하기 위해 일상생활에서 가장 필요한 내용들을 일주일 동안 실행하도록 구성되어 있다. 세 번째 부분은 정서적으로 건강한 자녀가 되도록 지원하는 유아에 대한 부분이다. 건강한 정서를 형성하기 위해 유아에게 익숙한 동화 내용을 활용하여 유아의 부정적인 정서를 해소하고 긍정적인 정서를 표현하는 방식을 연습할 수 있도록 구성되어 있다.

1) 소집단 구성하기와 운영하기

(1) 집단 규모

집단의 기본 구성은 8~10명의 부모가 좋으며, 특히 10명이 넘는 경우는 부모들이 서로의 경험을 나누고 의견을 교환하기가 힘드므로, 10명 이하로 구성하는 것이 좋다.

첫회부터 함께 시작해서 끝까지 모두 참석하는 것을 원칙으로 한다. 부모 모임을 구성할 때는 자녀의 연령대가 비슷하고 사회경제적 지위가 비슷하거나 모두가 공통된 관심사를 가진 구성원으로 하는 것이 효과적이다. 유사한 특성을 가진 부모들이기 때문에 다른 부모들이 경험한 사례를 들으면서 부모들이 간접적으로 경험하고 학습하는 기회를 가질 수 있다. 그리고 유사한 가족의 특성이나 공통 관심사를 가진 부모들인데도 각자의 경험과 생각이 다를 수 있음을 확인하면서 서로의 관점을 확대하고 새롭게 정립하는 계기가 되기도 한다. 또한 유사한 특성으로 인해 소속감을 돈독히 쌓으면서 부모 모임의 참여를 즐기게 되고, 모임 이후에는 서로에게 도움을 주는 지지집단의 역할을 할 수도 있다.

(2) 소집단 운영

① 회기

각자의 바쁜 생활이 있으므로 모임은 일주일에 1회씩 모이는 것이 효과적이며, 가능한 한 쉬는 주 없이 시작부터 끝까지 모든 과정을 진행하는 게 좋다.

매 회기 소모임에서 부모들은 '부모-자녀 관계 다지기'에 참여하고, 자녀들은 다른 1명의 안내자와 '동화를 통한 유아 정서중재 프로그램'에 참여한다. 그리고 양육 워크북은 가정에 돌아가서 부모가 자녀와 함께 실행하는 것이 효과적이다. 만약, 아이들이 참여하는 '유아 정서중재 프로그램'을 진행할 다른 안내자가 없거나 상황적으로 부모 소모임 때 동시에 운영하기가 힘들다면, 부모가 가정에서 자녀를 대상으로 진행할 수 있다. 단, 각 회기는 '부모-자녀 관계 다지기'에 따라 진행한다.

② 안내자

소집단을 이끌어 가는 안내자는 부모들 앞에서 강의하는 방식보다는 그들과 함께 어울려 이야기하고 경험담을 나누는 방식의 진행이 적합하다. 따라서 이 프로그램을 경험한 부모나 프로그램 진행을 훈련받은 자가 안내자로서 적합할 것이다. 혹은 집단 구성원 중에서 다른 사람의 말을 잘 경청하는 능력이 있는 한 명이 진행을 안내해도 된다. 프로그램 진행 시 안내자는 부모와 동등한 위치이므로 부모들과 함께 원탁에 둘러앉거나 모든 구성원의 얼굴을 볼 수 있는 형태로 함께 앉아서 모임을 진행하고 안내한다.

안내자는 부모들과 함께 의논하고 이야기하는 역할에 비중을 더 두어야 한다. 그러므로 아주 중요한 개념 이외에는 진행자가 설명하지 않도록 한다. 안내자는 매회 제시되는 부모 역할이나 자녀의 특성에 대한 주요 개념의 내용을 사전에 교재를 통해 숙지한 후, 초점만 제시하여 부모들이 생각을 나누며 스스로 그 개념을 찾아가도록 안내하는 역할을 해야 한다. 따라서 앞에서 지적한 바와 같이 안내자는 모든 사람들의 의견을 수용하고 존중할 수 있는 개방적인 특성을 지녀야 하며, 특정한 결론을 내리거나 모든 부모들에게 특정한 결론과 주장을 강요하지 않도록 주의한다. 이를 위해 안내자는 주로 부모들의 말을 잘 듣고 객관적으로 잘 요약해 주는 역할을 해야 한다. 즉, 각기 다른 부모들의 상황과 방법을 인정하여 각자의 선택대로 양육 경험을 해 보도록 한다. 그리고 각자의 경험에 대해서 다음 시간에 충분히 나누도록 안내하는 역할을 한다.

③ 집중할 자녀 선정하기

일반적으로 부모들은 욕심이 많다. 그리고 우리나라 부모들은 마음이 아주 급하다. 그래서 부모-자녀 관계증진 프로그램을 한다고 하면 자신의 모든 자녀를 대상으로 자신이 부모 역할을 연습하는 것을 당연하게 여긴다. 그러나 어느 가정이나 형제들은 서로 유사한 특성보다는 제각각 다른 특성을 갖고 있는 경우가 대부분이다. 따라서 자녀들 중 한 자녀를 대상으로 먼저 시작해야만 한다. 동시에 2명 이상의 자녀를 대상으로 이 프로그램을 진행하면 두 자녀 모두에게 효과가 적을 수밖에 없다. 일란성 쌍둥이조차 둘이 똑같은 특성을 가질 확률은 25%에 지나지 않다. 같은 부모에게서 태어난 형제자매라도 저마다 독특한 특성을 가지고 있는데 이처럼 서로 다른 특성을 가진 자녀를 대상으로 동시에 부모-자녀 관계에 대해 심층적으로 관찰하고 적용하기는 거의 불가능하다. 예를 들면, A라는 기법은 언니에게 효과적이어도 동생에게는 그렇지 않을 수 있으며, 엄마의 동일한 양육 신념에 대한 반응도 형제마다 다를 수 있다. 그렇기에 처음으로 부모 역할을 점검해 보는 과정에서 특정한 1명의 자녀를 대상으로 하는 것이 가장 효과적이다.

따라서 반드시 한 번에 한 자녀를 대상으로 프로그램을 진행하고 다른 자녀에게는 다음번에 함께 하자는 양해를 구하도록 한다. 물론 다음 기회로 미루어진 형제들은 부모에게 강하게 항의하곤 한다. 자신들이 소외되는 것에 대한 억울함이나 부모를 일정 시간 독차지하는 것에 대한 질투심 때문이다. 그럼에도 불구하고 엄마가 한 자녀에게 집중하는 방법이 대상으로 정해진 자녀의 자존감을 높이고 부모에 대한 신뢰를 돈독히 하는 데 효과적이기 때문에 한 자녀만을 대상으로 해야 한다. 다음 기회를 기다려야 하는 형제의 경우는 힘든 과정이지만 다음번에 자신도 엄마를 독차지할 수 있는 기회가 있다는 기대감을 갖도록 하여 다음 부모-자녀 관계증진 프로그램에 대한 동기를 높이도록 한다. 그럼으로써 결과적으로 볼 때 모든 자녀에게 가장 효과적으로 이 프로그램을 적용하기 바란다.

④ 부모 모임시간 운영

모임시간은 1시간 내외가 가장 적당하다. 너무 길면 부모들의 나눔이 주제를 벗어나거나 부모들이 집중하지 못하는 현상이 나타나기 때문이다. 안내자는 시작시간보다 조금 일찍 와서 먼저 도착한 부모들과 인사를 나누며 지난 한 주 동안 어땠는지 가볍게 이야기를 나누고 먼저 부모들의 경험을 간단히 들어 보는 것이 좋다. 이때 수집한 정보를 토대로 이후 부모들과 토론을 할 때 그 순서를 정하거나 서로 반대 입장의 부모의 경험이나 생각을 나누게 하여, 부모들이 서로 다른 경험과 입장에 대해 고민해 보도록 진행한다.

참석자들이 다 모이지 않았더라도 가능한 한 정시에 모임을 시작한다. 그래야 참석자들이 점차적으로 시간을 잘 지키게 된다. 모두 모여서 간단히 인사를 나누고, 안내자는 그날의 주제 나누기, 자녀와 함께 하는 활동 등을 순서대로 진행한다. 매회 프로그램은 부모들의 생각 나누기와 간단한 주제에 대한 안내 그리고 자녀와 함께 하는 활동으로 이루어져 있다. 그 예를 제시하면 〈표 2-2〉와 같다.

〈표 2-2〉 1회기 운영 개요의 예

목표	• 프로그램의 목표와 운영방식에 대해 이해한다. • 자신의 양육 행동 및 스트레스를 확인해 본다. • 자녀와 공감하고 자녀에게 민감하게 반응하기를 경험해 본다.	소모임 운영 방식
내용	1. 안내자 및 프로그램 소개(오리엔테이션 5분) 2. 프로그램 운영방식 안내 및 규칙 정하기(10분) 3. 자기소개 카드(자료 1-1: 부모와 자녀가 함께 만들기)(10분) 4. 활동: 부모-자녀 놀이 — 종이 퍼즐 맞추기(15분)	부모와 자녀가 함께 소모임(부모-자녀 관계 다지기)에 참여
	5. 중심 개념 안내: 부모-자녀 놀이 효과(15분) 6. 과제 공지	부모와 자녀 분리됨. 부모 소모임: 부모-자녀 관계 다지기 자녀 소모임: 동화를 통한 유아 정서중재 프로그램
과제	1. 부모들은 각자의 양육 행동, 양육 스트레스, 양육 신념 등에 대한 체크리스트를 작성한다. 2. 부모-자녀 애착검사를 실시한다. 프로그램 실시 전에 하거나 혹은 조금 일찍 와서 사전에 체크리스트를 작성하도록 한다. 3. 놀잇감 상자를 만들도록 한다.	

만약, 자녀가 참여하는 '소모임: 동화를 통한 유아 정서중재 프로그램'을 진행할 여건이 되지 않는다면 다음 두 가지 방법으로 진행할 수 있다.

〈방법 1〉 부모와 자녀가 함께 참여하는 경우

• 부모와 자녀가 모두 함께 '소모임: 부모-자녀 관계 다지기'에 참여하되, 중심 개념 안내 시에는 부모 중 1명이 당번이 되어 아이들을 돌보도록 한다.

중심 개념 안내 시에는 아이들이 참여할 내용이 없고, 아이들이 지루해할 수 있기 때문이다.

- '동화를 통한 유아 정서중재 프로그램'은 부모가 각 가정에서 1회기씩 진행하도록 한다.

〈방법 2〉 부모만 소모임에 참여하는 경우

- '소모임: 부모-자녀 관계 다지기' 내용 중 부모-자녀 놀이 부분은 각자 가정에서 자녀와 먼저 실행한 후 소모임에 참여하여 활동 경험을 나누도록 한다. 따라서 이 경우 매 회기 과제에 그다음 회기에 포함되어 있는 부모-자녀 놀이가 추가로 포함된다.
- '동화를 통한 유아 정서중재 프로그램'은 부모가 각 가정에서 1회기씩 진행하도록 한다.

이 책에서는 가장 효과적인 운영방식인 〈표 2-2〉의 소모임 운영방식에 따라 설명하였다.

2 프로그램의 실제: 부모-자녀 관계 다지기

1) 1회기: 자녀의 관점으로

(1) 운영 개요

① 목표

- 부모-자녀 관계증진 프로그램의 목표와 운영방식에 대해 이해한다.

- 자신의 양육 행동 및 스트레스를 확인해 본다.
- 자녀의 관점에서 생각하고 자녀에게 적절히 반응하기를 경험해 본다.

② 준비내용

- 컴퓨터, 빔프로젝터, 이름표, 동일한 그림 2장씩, 풀, 가위
- 간단한 다과 및 차
- 모든 구성원이 가능한 한 둥글게 앉도록 한다.

③ 진행방법

- 맞이하기
- 안내자 및 프로그램 목표 소개
- 프로그램 운영방식 안내 및 규칙 정하기
- 자기소개 카드 만들기
- 활동: 부모-자녀 놀이 활동 - [종이 퍼즐 맞추기]
- 중심 개념 안내: 부모-자녀 놀이의 효과
- 양육 워크북 소개: 자녀의 놀이에 동참하기
- 과제 공지

(2) 1회 프로그램 진행

① 맞이하기

부모 모임 진행 안내자와 유아의 정서중재 프로그램을 진행하는 안내자는 프로그램 시작 전보다 10분 이상 일찍 도착해서 부모와 아이들을 반갑게 환영하여 편안하고 친밀한 분위기를 형성한다. 처음 만남에서 환영을 받은 부모와 아이들은 이 프로그램에 대한 기대 및 신뢰가 높아서 프로그램에 끝까지 적극적으

로 참여하는 경향이 있기 때문이다.

첫 모임 전날에는 참여하기로 한 모든 가족에게 사전에 프로그램 시간을 한 번 더 공지하여 늦지 않도록 준비하고, 첫날부터 정해진 시간에 프로그램을 시작하여 프로그램이 느슨해지지 않도록 한다. 시작시간이 늦어지면 먼저 온 부모님과 아이들이 기다리게 되는데 그러는 동안 산만해지고 지치기 쉬우며 이로 인해 프로그램 진행이 방해되기 때문이다. 만약 시작시간이 되어도 전체 인원의 1/2 이상이 도착하지 못했다면 전체 참석 대상자 중의 70~80%가 올 때까지 기다린다.

② 안내자 및 프로그램 목표 소개

안내자는 간략히 자신의 신상을 소개하고 자신이 부모-자녀 관계에 관심을 갖게 된 계기나 자신의 경험을 간략히 나눈다. 그리고 이 프로그램에서 자신은 가르치는 자가 아니라 부모님들의 경험과 의견을 취합하고 여러 부모님들의 의견을 종합하는, 안내하는 자임을 명확히 밝힌다.

본 프로그램은 부모-자녀 관계를 증진하고 더 나아가서는 애착의 질을 안정적으로 형성하는 데 그 목적이 있다. 부모가 자녀의 특성에 대해서 객관적으로 알아보고, 자녀는 부모에게 전적으로 수용되며 사랑받고 있다는 것을 깨닫게 하는 것이 가장 큰 목표다. 특히 부모가 자녀를 사랑한다는 것의 특징은 무조건적으로 자녀의 요구를 들어주는 것이 아니라 자녀의 마음을 이해하고 수용하려고 노력하면서 신뢰를 돈독히 하도록 한다. 또한 이러한 부모-자녀 간의 신뢰를 토대로 자녀의 연령에 적합한 생활 습관 및 규칙을 안내함으로써 부모 역할의 효능감을 높이도록 한다. 그리고 매회 제시되는 주요 개념을 이해함으로써 건강한 부모-자녀 관계에 대한 부모의 생각을 정리하고, 이를 토대로 실제 생활에서 실행하면서 부모님의 자녀 양육에 대한 생각과 양육행동을 일치시키도록 노력한다.

③ 프로그램 운영방식 안내 및 규칙 정하기

제시된 프로그램의 목표를 완수하기 위해서 총 9회로 구성된 이 프로그램의 참여자는 반드시 모든 회기에 출석해야 한다. 바쁜 일상으로 인해 9회의 프로그램을 모두 참석하기가 쉽지 않겠지만, 프로그램의 효과를 최대로 경험하기 위해 모든 참석자들이 모든 회기를 참석할 것을 스스로 다짐하는 서약서를 작성하여 각자 보관하도록 한다. 또한 결석이나 지각을 하는 가정에게 부여할 벌칙을 모든 구성원이 논의한다면 프로그램 참여에 대한 동기가 높아질 것이다. 한 예로 결석을 하거나 3회 이상 지각을 하는 가정이 마지막 회기인 수료식에서 모든 가족이 함께 나눌 음식을 장만해 오는 것을 벌칙으로 정하였는데, 이에 구성원들은 적극적으로 프로그램에 참여하였다. 벌칙은 해당 부모가 곤란하지 않으면서 모든 사람이 유쾌할 수 있는 것으로 정해야만 부모들의 협력과 실행력이 높아질 수 있다.

모임에 참여하는 부모들은 각자의 경험을 솔직히 나누고 이를 통해 서로에게 도움이 되기 때문에 모임에서 다른 사람의 이야기를 적극적으로 경청해야 한다는 것을 강조한다. 더불어 모임에서 나눈 각 가정의 개인적인 이야기를 다른 사람에게 말하지 않을 것을 약속하여 개개인의 비밀이 유지되도록 하여서, 모임에 참여하는 부모들이 편안하게 각자의 생각과 의견을 자연스럽게 나눌 수 있는 분위기를 조성한다.

④ 자기소개 카드 만들기

각 부모와 자녀들은 자신들을 소개할 카드를 만든다. 부모와 자녀가 의논하여 자신의 가족에 대해서 소개하고 싶은 내용으로 카드를 꾸민다. 예를 들면, 엄마 ○○○와 아이 △△△라고 이름을 소개하고, 함께 살고 있는 가족은 누구인지, 살고 있는 동네 이름은 무엇인지 등으로 내용을 구성할 수 있다. 또는 아이가 생각하는 엄마나 아빠와 가장 비슷한 동물은 무엇인지, 어떤 특성이 비슷한지를 이야기 나누고, 부모가 생각하는 아이와 가장 비슷한 동물은 무엇인지를 이야기 나눈 후, 자기소개 카드에 그 내용을 그림이나 글로 표현하도록 한다. 예를 들어 동물로 소개를 하게 되면 이후 모임 때마다 동물 이름을 그 가족의 애칭으로 사용할 수 있는데, 이런 애칭 사용을 통해 아이들이 쉽게 다른 아이들이나 부모들과 친숙해질 수 있다.

마지막으로 각 부모들은 이번 프로그램에 대해 어떤 기대를 가지고 있는지, 프로그램을 마친 후에 자신과 자녀가 어떤 모습으로 변화되기를 바라는지 등에 대해서 이야기를 나눈다. 그리고 안내자는 각 부모의 기대를 메모해 두었다가 9회 마무리 때 활용할 수 있다.

⑤ 활동: 부모-자녀 놀이 – [종이 퍼즐 맞추기]

- 재료: 같은 그림 종이 2장, 가위, 풀
- 활동방법
  - –진행자가 같은 그림 2장, 풀, 가위를 각 엄마와 자녀에게 나누어 준다.
  - –엄마와 자녀가 의논하여 그림 1장으로 퍼즐 조각을 만든다.
  - –나머지 1장을 퍼즐판으로 하고 앞서 만든 퍼즐 조각을 적합한 자리에 풀로 붙인다.
  - –엄마와 자녀가 함께 모든 과정을 해 나가도록 한다.
  - –각자 완성한 퍼즐 종이는 다른 팀에게도 보여 준다.

자녀의 관점에서 생각하기

자녀와 함께 종이 퍼즐 맞추기 활동을 하고 난 소감을 각자 이야기해 보도록 한다. 어떤 엄마는 아이의 잘못된 생각대로 따라가다가 퍼즐을 완성하지 못해서 속상했고, 어떤 엄마는 아이가 시간이 별로 없는데 퍼즐 조각을 너무 작게 잘라서 조각이 너무 작으면 퍼즐 맞추기가 힘들다는 것을 설명하다가 완성하지 못해 엄마와 아이 모두 기분이 나빠졌다. 또 어떤 엄마는 아이가 순종적으로 엄마의 지시를 잘 따라서 퍼즐 맞추기가 너무 쉬웠지만 왠지 자신이 잘못한 것은 아닌가 하는 생각이 들었다는 등의 경우도 있었다. 또 다른 경우에는 퍼즐 맞추기 과정에서 엄마와 아이가 결국 화를 참지 못하여 아이가 울거나 하지 않겠다고 투정을 부리거나, 엄마가 화난 표정으로 아이 마음대로 하라고 하여 아이 혼자서 과제를 한 경우도 있었다. 이와 같이 일반적으로 어떤 과제나 활동을 제시하면 부모와 자녀가 서로 협조하면서 그것을 완수하기가 쉽지 않다. 그것은 다음 삽화에서와 같이 부모는 '결과'를 바라보고 생각하면서 접근하고, 자녀는 '과정'이나 그 대상을 보기 때문이다. 종이 퍼즐 맞추기 활동에서 생각해 보면 부모들은 정해진 시간 내에 퍼즐 조각을 만들고 밑판에 정확히 붙인 완성품을 목표로 생각하고 행동하는 반면, 자녀는 재미있는 종이 퍼즐 만들기 과정에 더 관심이 있다. 퍼즐 조각을 어떻게 만들면 재미있을지, 어떤 모양으로 자를지를 생각하고 있는 자녀와, 좀 더 쉽고 빠르게 퍼즐을 맞추기 위해 퍼즐 조각을 몇 개쯤으로 할지를 생각하는 엄마의 관점은 다를 수밖에 없다.

어떻게 하면 부모와 아이가 잘 협조하여 퍼즐 맞추기를 완성할 수 있을까? 아마 엄마와 아이가 서로의 마음을 잘 알고 있다면 협조가 가장 잘 이루어질 것이다. 엄마와 자녀가 동일한 것을 보고 생각하고 있거나 적어도 엄마가 자녀의 생각을 알고 있다면 자녀와 적절히 잘 의논할 수 있다. 그래서 많은 부모교육 전문가들이 부모들에게 자녀의 눈높이에 맞추라는 말을 하는 것이다. 물론 자녀가 부모의 눈높이에 맞출 수도 있겠지만, 일반적으로 성인인 부모가 어린 자녀보다는 다른 사람의 생각이나 감정을 더 잘 이해할 수 있는 능력이 있기 때문에 부모에게 자녀의 눈높이에 맞추라고 요구하는 것이다. 단지 부모의 양육방식이 틀렸다는 의미가 아니다.

그러나 부모가 자녀의 눈높이에 맞추는 것은 생각보다 어렵다. 성인인 부모는 주로 성인들이 생각하는 패턴에 익숙해져 있기 때문에 성인들과 다른 패턴의 아이들 생각을 이해하기 위해서는 많은 연습이 필요하다. 자녀의 관점에서 사건을 바라보고 생각하는 기술을 증진하기 위한 가장 좋은 방법은 부모가 정기적으로 자녀와 놀이시간을 갖는 것이다. 아동들은 대부분 놀이를 통해 자신의 생각과 감정, 경험, 소망 등을 표현하기 때문에 부모가 자녀와 함께 놀이를 하다 보면 자연스럽게 자녀의 관점에 익숙해질 수 있다.

⑥ 중심 개념: 부모-자녀 놀이의 효과

일반적으로 부모들은 아이가 '논다'고 하면 '학습한다'의 반대 개념으로 이해하기 때문에 아이의 놀이에 대해 부정적이다. 부모 혹은 어른들이 자라나는 아이에게는 성장에 도움이 되는 개념이나 기술이 필요하다는 생각이 지배적이기 때문이기도 하다. 하지만 놀이에는 단순히 무엇인가를 배운다는 것의 반대 개념만 있는 것이 아니라 자신의 감정을 표현하거나, 기술을 숙달하는 등의 다양한 기능이 있다.

먼저 놀이에서는 현실에서 불가능한 상황이나 규칙을 얼마든지 만들 수 있다. 즉, '가짜로 ~하다고 하자'와 같은 방식으로 실생활에서 불가능한 것들을 적용하여 마음대로 창조할 수 있고, 부담 없이 자신의 감정과 생각을 표현할 수 있다. 가짜 상황이니까 말이다. 예를 들면, 놀이에서는 아이가 엄마가 되고 엄마가 아이가 되어 가짜로 아이가 엄마처럼 훈육하고 벌을 주기도 하면서 잘못한 아이를 혼내는 역할을 경험해 볼 수 있다. 또 가짜로 자신을 공격했던 친구를 혼내 주면서 통쾌함을 경험할 수도 있다. 그리고 동시에 상대 친구가 자신을 공격했던 상황을 다시 살펴보면서 자신의 입장과 친구의 입장을 알 수 있게 되어 그 상황을 객관적으로 평가하고, 그에 적절한 행동과 태도를 생각해 보고 앞으로 유사한 상황에서 그것을 활용하게 된다.

둘째, 부모-자녀 놀이에는 반드시 무엇인가를 해야 한다는 목표나 그 결과물이 없다. 그때그때 아이와 엄마, 아빠가 하고 싶은 놀이를 하는 것이다. 반드시 책을 끝까지 읽어야 한다든가, 반드시 퍼즐을 모두 맞추어야 한다든가, 반드시 모두 몇 개인지 알아야 한다든가 등의 꼭 해야만 하는 어떤 '목표'가 없다. 그런데 아이들은 놀다 보면 읽기 시작한 책은 어느새 끝까지 읽고, 퍼즐 한 조각들을 이리저리 맞추며 이상한 모양을 만들다가도 어느새 퍼즐을 완성하고는 즐거워한다. 많은 조각의 나무토막을 이리저리 쌓아 보고 쓰러뜨려 보다가 필요한 숫자만큼 세어 보기도 하고, 멋진 구성물을 만들기 위해 건축가처럼 설계도까지 그리기도 한다. 그 과정에서 부모와 아이는 긴장하지 않고 즐거운데 그것은 꼭 해야만 하는 목표가 없기 때문이다. 긴장하지 않고 즐겁게 놀이하는 분위기에서 아이들은 자신의 솔직한 감정과 생각을 쉽게 표현한다. 평소에 아이에게 가장 중요했던 사건이나 감정 그리고 그에 대한 자신의 생각을 자연스럽게 놀이로 표현하기도 하고, 놀이를 하면서 엄마에게 말하기도 한다. 예를 들어, 너무나 아팠던 경험을 놀이로 할 때 아팠을 때의 기분 나쁨, 불안, 너무 아파서 화가 났던 것 등을 표현하면서 마음에 두었던 부정적인 감정들을 해소하고 정서적으로 건강하게 회복할 수 있다. 아울러 이런 아이의 놀이를 보면서 부모는 그 상황에서 아이가 어떤 감정을 가졌고, 무엇을 원했는지를 알 수 있게 된다.

셋째, 아이와 놀이를 하다 보면 반드시 해결해야 하는 문제가 생기기도 하는데 이때 아주 창의적인 방법으로 해결하게 된다. 예를 들면, 가짜로 비행기 놀이를 하기로 했는데 모형 비행기가 없을 때, 보드게임을 하려고 했는데 필요한 조각 하나가 없을 때, 아이들은 기발한 생각으로 문제를 해결하곤 한다. 이와 같은 아이의 해결 방식들을 모아 보면 그 아이만의 독특한 문제해결 방식을 알 수 있을 뿐만 아니라 아이가 좋아하는 것, 관심 있는 것, 알고 싶은 것, 원하는 것 등을 저절로 알 수 있게 된다. 더불어 아이를 격려하는 구체적인 방법도 알 수 있다. 따라서 아이와 많이 놀아 본 부모는 아이가 원하는 방식으로 격려하고 지원할 뿐만 아니라 아이가 부모에게 말하지 않아도 아이에게 필요한 것을 제시해 줄 수 있다.

⑦ 양육 워크북: 자녀의 놀이에 동참하기

1회기 양육 워크북 주제는 '자녀의 놀이에 동참하기'다. 이에 대한 주요 내용을 안내하면 다음과 같다.

자녀와의 놀이는 정기적으로 이루어져야 하며, 자녀와의 약속이기 때문에 정해진 시간에 반드시 실행되어야 효과적이다. 따라서 부모는 자녀와의 놀이시간과 횟수를 결정할 때 반드시 실행할 수 있는 시간과 횟수로 신중하게 결정해야 한다. 한 번에 자녀와 놀이하는 시간은 30분이 적당하며 매일 30분씩 놀이하는 것이 가장 효과적이다. 하지만 매일 자녀와 30분씩 놀이하는 것이 자신이 없다면 처음에는 격일이나 주 2회 정도로 시작하였다가 익숙해졌을 때 매일 30분씩 놀이하는 것으로 점차 늘려 나가는 것이 좋다.

부모는 자녀와의 놀이를 위해 먼저 자녀와 함께 놀잇감 상자를 만든다. 자녀와 함께 집에 있는 놀잇감 중에서 엄마와 놀이할 때 사용할 놀잇감을 선택해서 상자에 넣는다. 상자에 담긴 놀잇감은 엄마와 함께 놀이할 때만 사용할 수 있고 그 외 시간에는 사용할 수 없음을 자녀에게 잘 설명하도록 한다. 적합한 놀잇감의 예로는 풀, 색종이, 가위, 플레이 도우, 인형류, 병원놀이 소품, 아기인형, 아기 돌보기 소품, 전화기, 풍선, 조작 놀잇감 등이 있다.

놀잇감 상자를 구성한 후, 부모는 자녀에게 놀잇감 상자는 부모와 함께 놀이하는 특별한 시간에만 사용할 수 있다는 것을 알려 준다. 놀잇감 상자를 부모와의 놀이시간에만 사용하도록 하는 것에는 상징적인 의미가 있다. 놀잇감 상자를 꺼내는 것은 부모와 함께 놀이하는 시간임을 알려 주는 것이고, 놀잇감 상자를 정리하는 것은 부모와의 놀이시간이 끝났다는 것을 의미한다. 아이들은 놀잇감 상자를 보면서 부모와의 놀이시간을 떠올리며 특별했던 경험을 기억하게 될 것이다. 엄마와 함께 구성한 놀잇감 상자는 아이에게 엄마와의 친밀했던 경험을 의미하게 된다.

놀잇감 상자가 구성되면 자녀에게 언제 놀이할 것인지, 어디서 할 것인지 등을 알려 준다. 달력을 앞에 놓고 부모와 함께 놀이하는 날도 알려 주고, 놀이는 가능한 한 다른 가족들에게 방해받지 않는 장소와 시간에 하도록 한다. 자녀와 약속한 놀이시간은 반드시 지켜야만 자녀가 부모에 대한 신뢰감을 형성할 수 있다. 또한 놀이시간도 정확히 30분을 지키도록 한다. 놀이를 시작할 때 끝나는 시간을 자녀에게 이야기해 주고, 끝나기 5분 전에 5분 남았다고 알려 주어 그 시간이 되면 정확히 놀이를 정리하도록 한다. 재미있게 놀이한 날에는 아이가 좀 더 놀이할 것을 요구할 수도 있는데, 이 경우 시간을 늘리는 것보다는 정해진 시간에 놀이를 마무리하고 다음에 놀이하는 시간을 알려 주어 다음번 놀이시간을 기대하도록 하는 것이 부모-자녀 관계증진에 효과적이다.

놀이시간이 되면 정해진 장소로 가서 놀잇감 상자를 꺼내고 자녀가 원하는 놀이를 한다. 부모-자녀 놀이시간의 주인공은 바로 자녀다. 자녀가 선택하는 놀이, 자녀가 계획하고 구상하는 놀이를 하도록 한다. 부모가 의견을 제시할 수도 있으나 놀이의 선택은 자녀가 하고 부모는 자녀의 의견을 따라가는 방식이 적합하다. 놀이가 진행되는 동안 자녀의 어떠한 반응에도 부모는 동의하고 수용적이어야 한다. 놀이 상황이니까, 다시 말해 가짜 상황이니까 자녀가 무엇이든지 상상하고 무슨 놀이든지 가능하므로 자녀의 엉뚱한 생각과 태도, 방식 모든 것을 부모가 수용하고 따르는 것이다. 이 과정에서 자녀는 부모가 자신을 온전히 수용한다는 것을 경험하면서 부모에 대한 애정과 친밀감을 더욱 굳건히 형성할 수 있다. 다만 가짜라는 놀이 상황이더라도 부모를 공격하거나 물건을 파괴하는 등의 공격하는 행동은 할 수 없다는 것은 분명히 하도록 한다. 예를 들어, 나쁜 공룡을 공격하는 놀이를 하더라도 공룡 인형을 공격하고 때리는 흉내를 낼 수는 있지만, 공룡 인형을 진짜 발로 찬다든지 그것에 물건을 던지는 행동은 금해야 한다. 아이들은 종종 놀이에 몰입하다 보면 실제와 가상을 구분하지 못하여 실제로 공격하기도 하는데, 이런 경우 부모는 아이에게 놀이 상황임을 확인시켜 가상으로 꾸며지는 극놀이 상황에 적합하게 가짜로 공격하도록 해야만 한다. 부모의 이런 안내에도 불구하고 아이가 계속해서 공격적인 행동을 한다면 그 놀이를 당장 그만두어야 한다. 이 규칙 외에는 부모와 자녀의 놀이 상황에서 자녀가 상상하고 제안하는 모든 놀이가 가능하다.

집에서 자녀와 놀잇감 상자를 구성하고 자녀의 놀이에 동참하는 부모 역할을 연습해 보도록 한다.

⑧ 과제

- 자녀와 함께 놀잇감 상자를 구성하기
- 부모-자녀 놀이시간에 대한 계획을 세우고, 자녀에게 부모와 놀이시간을 가질 것에 대해 이야기하기
- 한 주 동안 자녀와의 놀이시간을 반드시 실행하면서 양육 워크북에 있는 내용을 채워 오기

양육 워크북

1회기: 자녀의 놀이에 동참하기

대부분의 부모들은 자녀에 대해서 잘 알고 싶어 합니다. 자녀의 마음과 생각을 잘 알 수 있다면 자녀를 양육하는 데 있어서 좀 더 효과적으로 부모 역할을 할 수 있기 때문이지요. 자녀의 마음을 잘 알 수 있는 가장 좋은 방법은 자녀의 놀이에 동참하는 것입니다. 일반적으로 자녀들은 '놀이'를 통해 하고 싶은 것, 후회되는 일, 원하는 것 등을 표현하기 때문입니다.

따라서 자녀의 생각과 마음에 민감하기 위해 자녀의 놀이에 동참해서 자녀의 놀이를 주의 깊게 살펴보고, 자녀의 놀이에서 나타나는 태도, 감정, 생각을 잘 수용한다면 자녀에 대해서 잘 알 수 있을 뿐만 아니라 자녀와의 관계가 돈독해질 수 있습니다.

자녀의 놀이에 동참하는 것은 '자녀와 함께하기'를 위한 것입니다. 절대 자녀를 평가하거나 판단하려는 태도나 분위기를 보여서는 안 됩니다. 다음은 자녀의 놀이에 동참하는 방법입니다. 따라 해 보세요.

자녀의 놀이에 동참하는 방법

1 자녀 스스로 놀이할 놀잇감을 선택하고 놀이하도록 하세요. 그리고 편안한 마음으로 자녀의 놀이를 구경하세요. 단, 평가하거나 판단하지 않는 마음으로.

⇨ 평온한 눈빛으로 자녀의 놀이를 지켜보시기만 해도 됩니다. 눈빛으로 자녀에게 놀이를 지지한다는 메시지를 전달하면서(자녀와 눈 맞출 때마다 웃어 주세요) 자녀의 놀이를 바라보기만 해도 됩니다.

2 부모님은 스스로를 스포츠 중계 아나운서라고 생각하고, 자녀의 놀이를 중계하듯이 말씀해 주세요.

단, 부모님의 눈에 재미있어 보이는 놀이행동만을 말로 옮기시면 됩니다. 반드시 눈에 보이는 놀이행동 모두를 문장으로 구성하십시오. 부모님의 해석이나 질문 혹은 평가는 좋은 방법이 못됩니다.

- 적절한 반응의 예
  - "동그라미와 세모 모양을 그렸구나. 동그라미는 빨간색과 파란색으로 색칠했네."
- 적절하지 못한 반응의 예
  - "왜 그렇게 해? 왜 그 인형을 손으로 세게 때리니? 화가 난 거야?"

  ⇨ 자녀의 행동에 대한 부모님의 주관적인 해석이 포함된 표현이므로 적합하지 않습니다.

3 자녀의 놀이행동을 지시하거나 수정하지 마십시오.

자녀 스스로 하는 놀이에 부모님이 동참하시는 것입니다. 따라서 자녀가 어떤 방법으로 놀이하든 간에 부모님이 수정하거나 지적하시면 자녀의 놀이에 '동참하기'가 이루어질 수 없습니다. 자녀들의 놀이에는 곰돌이 인형이 '호랑이'가 될 수도 있고, 할머니한테 사탕 2개를 받고 할아버지한테 사탕 3개를 받아서 모두 10개가 될 수도 있답니다. 이것이 자녀들의 놀이입니다. 부모님은 자녀들이 결정하고 명명하는 대로 그냥 수용하고 따라가시면 됩니다. 놀이이니까요!!
단, 위험한 행동이나 남을 해치는 행동은 금지할 수 있습니다.
예를 들면, 놀잇감을 던져서 부수는 행동은 위험한 행동이므로 금지해야 합니다. 또는 놀이방법 중의 하나로 부모님을 때리는 행동은 부모님을 해하는 행동이므로 금지해야 합니다.

4 자녀의 놀이행동을 격려하고 지지해 주십시오.

위험하거나 남을 해하는 놀이행동이 아니라면 자녀의 모든 놀이행동을 지지하고 격려해 주시는 표정이나 말을 해 주십시오. 이 과정을 통해 자녀가 부모님으로부터 자신이 온전히 수용되었다는 것을 느낄 수 있게 되면 부모님을 신뢰하게 됩니다.

5 자녀의 놀이에 동참하는 방법을 숙지하셨으면 이제부터 30분간 자녀의 놀이에 동참하십시오. 가능한 이 시간 동안 전화도 받지 마시고 어떠한 방해도 받지 않도록 하시는 것이 좋습니다.

6 자녀의 놀이에 동참하신 후, 다음의 활동지를 작성해 주세요.

활동지 1: 자녀 놀이에 동참하기

1 자녀는 어떤 놀잇감을 선택했나요?

2 자녀는 무슨 놀이를 했나요? 간단히 요약해 주세요.

3 부모님은 자녀의 놀이행동을 격려하셨나요? 격려하셨다면 어떤 방법으로 얼마나 자주 하신 것 같나요?

1) 격려방법

① 눈 맞추며 미소 짓기　② 말로 놀이행동 묘사하기　③ 자녀 머리 쓰다듬기

④ 기타 방법 ______________________________

2) 부모님은 자녀의 놀이를 잘 격려하셨나요?

① 전혀 그렇지 않다　② 조금 그렇지 않다　③ 중간 수준이다

④ 조금 그렇다　⑤ 아주 그렇다

4 부모님이 자녀의 놀이를 관찰한 결과를 토대로 볼 때, 자녀가 표현한 자녀의 감정은 어떤 것들이었나요? 관찰한 것을 모두 고르세요.

① 기쁨　② 평온함　③ 밝고 긍정적임　④ 슬픔　⑤ 분노　⑥ 난처함　⑦ 우울함

⑧ 짜증남　⑨ 흥분　⑩ 기타 ______________________________

5 자녀의 놀이에 동참한 결과 자녀와 공감된 경험이나 사건이 있었다면 기록해 주세요.

6 부모님이 자녀의 놀이에 동참한 후에 자녀의 반응은 어떠했나요?

활동지 2: 자녀 놀이 동참하기 실행 기록표

월 일	월 일	월 일	월 일	월 일	월 일
시간: 확인:	시간: 확인	시간: 확인	시간: 확인	시간: 확인	시간: 확인
월 일	월 일	월 일	월 일	월 일	월 일
시간: 확인:	시간: 확인	시간: 확인	시간: 확인	시간: 확인	시간: 확인
월 일	월 일	월 일	월 일	월 일	월 일
시간: 확인:	시간: 확인	시간: 확인	시간: 확인	시간: 확인	시간: 확인
월 일	월 일	월 일	월 일	월 일	월 일
시간: 확인:	시간: 확인	시간: 확인	시간: 확인	시간: 확인	시간: 확인
월 일	월 일	월 일	월 일	월 일	월 일
시간: 확인:	시간: 확인	시간: 확인	시간: 확인	시간: 확인	시간: 확인

1. 어느 한 달의 날짜를 기록하세요.
2. 자녀 놀이에 동참하기로 한 요일에 따라 다음 스티커를 붙이세요.
   놀이하기로 한 날 ⇨ ☺스티커 붙이기
3. 자녀 놀이에 동참하기로 계획된 날의 실행결과에 따라 '확인' 옆에 다음 스티커를 붙이세요.
   실행했으면 ⇨ ☺스티커 붙이기, 실행하지 못했으면 ⇨ ☹스티커 붙이기

2) 2회기: 공감하기

(1) 운영 개요

① 목표

- 지난주 과제 점검을 통해 각자의 경험을 나눈다.
- 자녀의 감정, 욕구, 소망을 확인하고 반영해 주는 기술을 알아본다.

② 준비내용

- 컴퓨터, 빔프로젝터, 이름표, 종이, 연필, 간단한 퍼즐이나 조작 놀잇감(엄마와 자녀가 함께 할 수 있는 놀잇감)
- 간단한 다과 및 차
- 모든 구성원이 가능한 한 둥글게 앉도록 한다.

③ 진행방법

- 맞이하기
- 과제 점검
- 중심 개념 안내 1: 부모-자녀 놀이 사례 소개
- 중심 개념 안내 2: 공감하기
- 활동: 부모-자녀 놀이 – [함께 그림 그리기]
- 양육 워크북 소개: 자녀의 거울이 되어 주기
- 과제 공지

(2) 2회 프로그램 진행

① 맞이하기

안내자는 도착하는 부모들과 아이들을 반갑게 맞이하고, 지난 한 주 동안 잘 지냈는지, 특별한 일은 없었는지 등을 확인한다. 특별한 일이 있는 가족은 기억해 두었다가 이후 프로그램에서 나눌 수 있는 기회를 제공한다.

② 과제 점검

'자녀 놀이에 동참하기' 점검하기

자녀들과 놀잇감 상자를 만들고 자녀에게 부모와 함께 놀이하기에 대해 안내하였는지, 자녀와 몇 번이나 놀이하였는지, 자녀의 반응은 어땠는지, 부모의 경험은 어땠는지, 자녀들은 또한 어땠는지 등을 알아본다.

사례 1 놀잇감 상자를 만들고 아이가 너무 좋아했어요. 처음이라 자신이 없어서 일주일에 1회 놀기로 했는데 아이가 얼마나 좋아하던지……. 그런데 저는 30분이 짧을 것 같았는데 굉장히 길더라고요.

사례 2 놀잇감 상자에 들어간 놀잇감은 엄마와 놀이할 때만 사용할 수 있는 것이지요? 아이가 혼자 놀다가 그 놀잇감 상자에 넣은 놀잇감을 달라고 해서 꺼내 주었어요. 그리고 저랑 놀다가 또 새로운 놀잇감을 넣기도 하고요. 이렇게 놀잇감 상자의 놀잇감을 계속 바꾸어서 놀았어요. 아이가 너무 자주 바꿔서 좀 신경 쓰였지만 자녀와의 놀이는 아이 마음대로 하는 것이라고 해서 잔소리하고 싶은 것을 참았지요. 그랬더니 나중에는 더 이상 안 바꾸더라고요.

아이가 원하면 놀잇감 상자의 내용을 재구성해도 됩니다. 그러나 놀잇감 상자와 그 안의 놀잇감은 엄마와 함께한다는 상징적인 의미가 있으므로 가능하면 엄마와 놀이할 때만 제시되도록 하는 것이 엄마와 함께하는 놀이의 효과를 극대화시킬 수 있습니다.

아이가 그 상자를 보면서 엄마와 즐겁게 놀았던 경험, 엄마가 자신을 있는 그대로 100% 수용해 주었던 경험 등을 떠올리면서 엄마와의 친밀감을 다질 수 있기 때문에, 놀잇감 상자는 엄마가 아이에게 100% 집중하고 최대한 수용한다는 상징적인 의미를 갖게 됩니다. 따라서 아이와의 놀이 후에는 반드시 놀잇감 상자를 잘 정리하고 그것을 소중히 다루어야 합니다.

사례 3 저는 이번 프로그램에 큰아이를 대상으로 하고 있는데, 큰아이하고만 놀이한다고 했더니 둘째가 문 밖에서 울고불고 난리가 났어요. 자신도 들어온다고요. 그래서 안 된다고 해서 첫날은 큰아이와도 잘 놀지 못했어요. 너무 시끄러워서요. 다음에는 아빠가 데리고 나가 주어서 괜찮았지만요.

함께 놀이하는 것은 바람직하지 않습니다. 따라서 한 자녀에게 집중하는 시간으로 활용하시기 위해 다른 자녀를 아빠에게 맡기시는 등의 방법을 찾아보시기 바랍니다. 여러 형제가 있지만 아이와 약속한 그 시간만큼은 엄마가 바로 그 자녀에게만 집중한다는 것이 그 자녀에게 가장 큰 만족감을 주기 때문입니다.

사례 4 아이가 이렇게 좋아할 줄 몰랐어요! 너무 좋아하면서 무엇을 해야 할지 몰라 허둥대더라고요. 그래서 네 마음대로 놀이를 고르라고 했더니 입이 귀에 걸렸지요. 엄마에게 이것저것 시키는 것이 그렇게 좋은가 봐요.

사례 5 우리 아이는 제게 맺힌 것이 많은가 봐요. 놀이하는 내내 저보고 문 밖에 나가 있으래요. 그러니까 자신이 엄마 역할을 하고 저보고 아이 역할을 하라고 하면서 계속 저를 혼내는 놀이를 하는 거예요. 그리고 잘못했으니까 문 밖에 서 있으라고 해서 벌만 섰던 것 같아요. 제가 평소에 이렇게 아이를 혼내나 싶어서 혼자 웃음이 나오기도 하고 저 자신을 돌아보게 되더군요.

사례6 저는 아이와 놀다가 싸웠어요. 자꾸 바꾸는 거예요, 아이가. 이거 하라고 했다가 저거 하라고 했다가, 저한테 시키는 역할이 너무 자주 바뀌어서 제가 화를 냈더니만 놀아 준다고 하더니 화를 낸다고 울지 뭐예요. 제가 아이와 놀아 주는 기술이 없나 봐요.

사례7 잘 놀았는데, 끝날 때 이제 치워야 한다고 하니까 싫다고 하는 거예요. 그래도 안 된다고 약속이니까 오늘은 그만이라고 했더니 장난감을 던지고 화를 내지 뭐예요. 그래서 결국 아이를 혼냈어요. 아이를 혼내고 나니 저도 기분이 안 좋았고요.

처음 약속한 대로 정해진 시간에 끝내도록 하는 것이 원칙입니다. 오늘 너무 재미있었으니까 오늘처럼 다음에 언제 또 놀 수 있는지 알려 주시고 그 날을 기다리게 하시는 것이 더 좋은 방법입니다. 오늘의 아쉬움을 다음 기회에 대한 기대로 바꾸어 주면서 다음번 엄마와의 놀이를 기다리게 하세요.

③ 중심 개념 1: 부모-자녀 놀이 사례 소개

부모와 자녀의 놀이에 잘 동참하는지에 대한 이해를 확인하기 위해 다음 두 가지 사례를 소개한다.

사례1 자녀와 엄마가 함께 앉아, 관련 있는 그림끼리 줄긋기 과제를 하는 경우다. 엄마가 아이 앞에 학습지를 펼쳐 놓고 활동방법에 대해 설명한다. 엄마는 아이에게 색연필통에서 검정색을 꺼내서 아이에게 내밀지만, 아이는 다른 색의 색연필을 원한다. 엄마의 표정이 약간 찡그려지면서 입을 꾹 다문다. 그리고 아이는 자신이 선택한 색연필로 줄긋기를 한다. 엄마는 손가락으로 그림을 짚으면서 어떤 그림인지 물어보고 이와 연관된 그림은 어떤 것인지 질문한다. 아이가 빨리 대답하지 못하자 엄마의 손가락은 어느새 정답에 해당되는 그림을 집고 있다. 그래도 아이가 대답을 못하자 엄마는 “여기 있잖아!”라고 못마땅한 듯 말한다. 아이가 고개를 끄덕이며 줄긋기를 시작하는데, 엄마는 똑바로 줄긋기를 하라며 아이가 그은 줄을 지우개로 지운다.

이 사례를 소개한 후, 부모들의 반응을 간단히 살펴본다. 대부분의 부모들은 이 이야기를 들으면서 웃는다. 엄마가 아이를 재촉하는 모습, 그리고 엄마의 질문에 아이가 빨리 대답하지 못하자 엄마의 표정이 찡그려졌다는 내용에 아쉬움을 표현하기도 하고 찡그린 표정을 짓기도 한다. 그러면서 동시에 자신들도 자주 하는 행동인 것 같다고 이야기하는 경우도 있다.

이런 부모들의 반응을 안내자는 충분히 들어주고 공감해 주되, 굳이 잘못된 엄마의 행동이나 의도를 지적하지 않도록 한다. 부모들이 스스로 깨닫는 것이 효과적이기 때문이다.

사례 2 〈사례 1〉과 마찬가지로 자녀와 엄마가 줄긋기 과제를 하는 경우다. 엄마는 아이에게 간략하게 방법을 설명하고 아이가 하는 모습을 지켜보면서 웃어 주고 있다. 아이가 줄긋기를 시작하면서 엄마의 얼굴을 바라보자, 엄마는 고개를 끄덕이며 웃어 주고 "그렇지!" 하면서 아이의 행동을 격려한다. 아이가 색연필을 다른 색으로 바꾸자, 엄마는 "아! 이번에는 파란색으로 하려고?" 하면서 아이의 행동을 수용하는 말을 한다. 아이는 고개를 끄덕이면서 이번에는 파란색으로 줄긋기를 한다. 아이가 너무 힘을 주어 긋느라 선이 삐뚤삐뚤 이어지자, 엄마는 "이번에는 똑바른 선으로 그어 볼 수 있을까?" 라고 이야기한다. 아이는 고개를 끄덕이더니 천천히 똑바른 선을 그리려고 노력하고 다 그린 다음 엄마를 바라보며 환하게 웃는다. 엄마는 웃어 주며 "아주 잘했어!! 이번에는 다음 것!" 이라고 말한다.

이 사례를 이야기해 준 후 안내자는 부모들에게 다음을 질문한다.

- 이야기를 들은 전체적인 소감이나 느낌은 어땠나요?
- 엄마가 아이의 방법을 지지해 주는 방법으로 어떤 것이 있었나요?
- 엄마가 아이를 격려하고 칭찬하는 방법으로 어떤 것이 있었나요?
- 처음에 엄마가 아이의 행동을 웃으면서 지켜만 보고 있는데, 이 모습에서

아이는 어떤 감정을 느낄 수 있을까요?

대부분의 부모들은 〈사례 2〉를 듣고 나면 흐뭇한 웃음을 짓는다. 〈사례 1〉을 보고 난 후에 허탈하다는 듯 웃었던 웃음과는 대조적이다. 〈사례 2〉에 대한 안내자의 질문을 통해 부모가 자녀의 선택을 존중하는 방법, 자녀를 기다리는 방법, 그리고 구체적으로 자녀를 칭찬하는 방법에 대해 공감하면서 자녀의 놀이에 동참하는 방법을 재개념화한다.

즉, 자녀가 선택하는 방법, 자녀가 하려는 행동을 끝까지 확인하며 기다리는 엄마의 모습에서 자녀를 수용해 주는 부모 역할을 공감할 수 있다. 줄긋기를 할 때 어떤 색의 색연필을 사용해도 괜찮고, 1번부터 하지 않고 다른 번호부터 시작하더라도 모든 번호를 다 하면 되고, 줄을 직선으로 긋든 삐뚤빼뚤 긋든 간에 맞는 것끼리 이으면 되는 것이다. 활동을 하는 모든 과정에서 아이의 의견과 선택을 존중하면서 아이의 생각을 지지하고 결과에 대해 아이와 함께 기뻐하는 엄마의 모습은 대부분 사람들에게 편안함을 느끼게 한다.

반면에 색연필도 엄마가 선택하는 것을 사용해야 하고, 줄긋는 방법도 엄마가 원하는 방식으로, 정답을 찾아내는 시간도 엄마가 원하는 대로 최대한 빨리 해야만 하는 〈사례 1〉의 엄마를 보면서 대부분의 사람들은 불안감을 느끼고 아이의 마음이 불편할 것이라고 예상하게 된다. 이와 같이 대조적인 엄마의 모습에 대해 이야기하고 나면 대부분의 부모들은 자신들을 돌아보면서 자신에게 적용할 바를 찾을 수 있을 것이다.

자녀 놀이에 편안하게 동참하는 엄마가 바로 '민감하게 반응하는 부모'이다.

민감하게 반응하는 부모는 다음과 같이 한다.

- 눈과 귀로 듣는다.
- 질문은 가능한 한 하지 않으며 끝까지 지켜본다.
- 표정으로 아이의 의견과 선택을 공감한다는 메시지를 전달한다.

이처럼 민감하게 반응하는 부모를 통해 아이는 다음과 같은 경험을 하게 된다.

- 자신이 부모에게 이해받고 있다는 것을 느낀다.
- 자신의 선택과 결정이 가치 있다는 것을 경험한다.
- 자신의 일은 자신이 결정한다는 권한을 부여받았다는 것을 알게 된다.
- 자신이 능력 있는 존재라고 느낀다.

부모가 자녀에게 민감하게 반응하며 자녀에게 공감해 주는 것은 바로 아이가 자신의 모습을 부모라는 거울에 비추어 보고 그 거울에 비친 모습대로 자신의 이미지를 받아들이게 되는 과정이다. 이런 과정을 여러 차례 반복하면서 아이는 자신의 자존감을 높여 가는 것이다. 부모는 자녀가 가장 신뢰하는 자신의 거울이다. 따라서 부모가 자녀의 모습을 있는 그대로 긍정적으로 비춰 준다면, 자녀는 자신의 모습을 긍정적으로 보면서 자신감을 갖게 되고 자신의 능력을 좀 더 좋은 방향으로 발전시키고자 노력하게 된다. 반대로 부모가 자녀의 모습 중

잘못된 부분, 실수한 부분만 보여 준다면, 자녀는 자신에 대해 '나는 항상 ~를 못하는 아이' '나는 항상 운이 없는 아이' '나는 노력을 안 하는 아이' 등으로 이미지를 형성하게 되어 자존감이 낮아질 수밖에 없다.

우리는 거울을 우리의 모습들을 확인할 때 사용한다. 따라서 자녀가 부모라는 거울을 이용해 자신을 확인해 보려고 할 때 자녀의 좋은 모습을 먼저 비춰 주는 거울이 되어야 할 것이다.

④ 중심 개념 2: 공감하기

부모들이 둘씩 짝지어 한 사람이 다른 한 사람한테 최근 자신에게 있었던 사건 중에서 가장 억울한 것을 이야기하도록 한다. 상대방의 이야기를 다 들은 후, 청자는 그 사람이 왜 억울했는지를 자신이 이해한 대로 말하도록 한다. 그리고 이야기한 사람은 상대방이 자신의 이야기를 얼마만큼 정확히 이해했는지를 100점 중 몇 점으로 줄 수 있는지 결정하고, 혹시 좀 부족하게 이해한 부분이 있으면 그것을 보충 설명해 주도록 한다.

이와 같은 활동을 하고 나서 부모들이 상대방의 이야기를 듣고 상대방의 감정과 생각을 정확히 이해할 수 있었는지, 혹은 상대방을 공감하기 힘들었다면 어떤 부분이 힘들었는지를 나누도록 한다. 이 활동을 특히 부부가 해 보면 상대방의 생각을 공감하기가 얼마나 힘든지 더 정확히 알 수 있다. 부부 사이일수록 상대방의 이야기를 대충 듣고 추측하거나 배우자에 대한 선입관이 있어서 상대방이 한 이야기보다는 자신의 선입관에 준해서 이해하기 때문에 공감이 덜되는 경우가 많기 때문이다. 실제로 어떤 부부는 이 활동을 하다가 부부싸움을 한 경우도 있었다. 우리는 흔히 자신이 잘 알고 있다고 생각하는 사람들의 이야기를 대충 듣는 경향이 있다. 그 사람에 대해서 자신이 잘 알고 있다는 '선입관'을 갖고 있기 때문이다. 그리고 그 사람의 이야기를 그 사람의 입장에서 듣는 것이 아니라 자신의 관점에서 듣고 생각하기 때문에 전혀 다르게 이해하는 경우가 많다. 이와 마찬가지로 대부분의 부모들은 자녀들에 대해서 너무나 잘 알고 있다고 생각하기 때문에 자녀의 감정이나 생각을 공감하기보다 '추측하는' 경우가 많다. 그런데 추측은 절대 공감을 하는 것이 아니다. 그것은 상대방을 자신의 생각대로 단정 짓는 행위다. 바로 여기서부터 부모와 자녀의 관계가 어긋나는 것이다.

사실 어떤 사람이 다른 사람의 마음을 100% 똑같이 이해하고 느끼기란 힘든 일이다. 하지만 상대방의 이야기를 최대한 귀 기울여 듣고 그 상황을 상상하면서 어떤 마음이었고 어떤 감정이었는지 이해하려고 노력할 수 있다. 바로 이것이 '공감하기'다. 상대방이나 어떤 상황에 대한 자신의 선입관을 비우고 오로지 상대방의 이야기에만 기초해서 최대한 상대방이 어떤 감정이었는지 이야기하는 것이 '공감하기'인 것이다. 아이들은 최대한 노력하는 '공감하기'를 경험하게 되면 굉장히 위로가 되고 힘을 얻는다. 예를 들어, 아이가 방금 심한 잘못을 해서 엄마에게 많이 꾸중을 들어서 억지로 눈물을 참고 있다면, 옆에서 보고 있던 아빠가 "속상하지?"라고 아이의 감정을 공감해 주는 말 한마디에 억울함이 다 사라지게 된다. 이것이 바로 공감하기의 효과다.

속상한 아이나 공격적인 행동을 할 만큼 화가 많이 난 아이에게는 훈육하기보다 공감하기를 먼저 실행해야 한다. 공감하기를 먼저 실행하면, 아이들은 스스로 문제를 해결하거나 잘못을 인정하고 바람직한 방법을 찾는다. 따라서 건강한 부모-자녀 관계를 위해서 가장 필수적인 것은 자녀의 감정을 공감해 주는 능력을 갖추는 것이다.

⑤ 활동: 부모-자녀 놀이 – [함께 그림그리기]

다음 활동을 통해 자녀와 공감하기를 연습해 보자.

자녀와 부모가 나란히 앉되, 부모의 오른손과 자녀의 왼손을 잡은 위치로 앉는다. 그리고 부모는 왼손에, 자녀는 오른손에 각각 연필을 잡고 종이 위에 집 그림을 함께 그려 본다. 하나의 집을 부모와 자녀가 함께 시작해서 그리는 것이다. 따라서 그리기 전에 부모와 자녀가 어떤 집을 그릴지, 각각 어느 부분을 그

릴지를 의논하여 집 그림을 완성한다. 단, 이 활동을 하면서 자녀의 의견과 생각, 그림이 잘못되었을 때의 자녀 마음을 최대한 공감해 주도록 한다. 그림이 완성될 때까지 제한시간은 없으며, 그림이 완성되면 어떤 그림인지를 자녀와 이야기 나눈다.

이 활동 후에 부모와 이야기를 나누어 보면, 평소대로 했으면 부모가 자녀에게 화를 내거나 자녀가 토라지기 쉬웠을 텐데 부모가 자녀의 마음을 최대한 살피고 공감하려고 해서 그런지 대부분 아이와 분쟁 없이 그림을 완성한 기쁨을 나누게 된다. 다만 일부 부모와 자녀는 아직도 공감하기가 익숙하지 않아서 결국 자녀와 대립하거나, 자녀 혼자서 그림을 다 그리도록 하고 부모는 전혀 도움을 주지 않고 끝내는 경우도 있다. 이런 경우 부모들은 자녀의 마음을 모르겠다고 하소연하고 자신은 자녀에게 공감하기를 못하는 것 같다고 좌절하기도 한다. 하지만 공감하기 기술은 많이 해볼수록 향상되는 기술이다. 앞에서 살펴본 〈사례 2〉에서와 같이 자녀의 말을 그대로 믿어 주고 자녀의 행동과 표정을 있는 그대로 표현해 주는 것을 연습하다 보면 공감하기가 점차 잘 이루어질 것이다.

⑥ 양육 워크북: 자녀의 거울이 되어주기

2회기 양육 워크북 주제는 '자녀의 거울이 되어주기'다. 안내자는 부모에게 이에 대한 이해를 위해 다음과 같이 안내하도록 한다.

일상생활에서 자주 사용하는 감정을 표현하는 단어들을 생각해 보자고 하면 대부분 '화난다' '속상하다' '기분 나쁘다' '기쁘다' '행복하다' '짜증난다' 등의 표현들을 많이 제시한다. 일반적으로 아이는 아기 때부터 기쁨/행복, 분노, 공포, 놀람, 혐오, 슬픔, 호기심과 같은 기본적인 감정을 느끼며, 점차 성장하면서는 두려움, 죄책감, 당황, 수치심, 공감, 질투, 경멸, 분노 등의 아주 다양한 감정들을 느끼게 된다. 그렇지만 우리가 평소에 사용하는 감정에 대한 단어는 아기 적에 느꼈던 기본적인 감정들이 대부분이고, 좀 더 복잡한 다양한 감정들에 대해서는 일상에서 자주 표현하지 않는다. 그러다 보니 다양한 감정 표현에 대해서 잘 모르게 되어 결국 다른 사람의 감정에 공감하기 힘들게 되는 것이다.

[그림 2-1]은 미국심리학회에서 제작한 포스터로, 사람들이 일상생활에서 자

[그림 2-1] 다양한 감정 표현

출처: http://www.garrettspecialties.com/mood-magnet-p-729.html

신의 감정을 표현하기 위해 사용하는 다양한 얼굴 표정의 그림들이다. 한눈에 봐도 알겠지만, 굉장히 다양한 감정 표현들이 있다. 우리는 이처럼 많은 감정들을 느끼면서 살아가지만 구체적으로 표현하기는 쉽지 않다. 하지만 아이들은 자신이 느끼는 다양한 감정들을 엄마, 아빠가 알아주기 바란다. 부모가 자신의 마음을 알아주기 원하는 이유는 부모가 자신의 감정을 알아주고 공감해 주면 위로가 되고 지친 마음에 힘이 나기 때문이다.

아이의 다양한 감정을 공감해 주기 위해서는 먼저 부모가 다양한 감정에 대해 알아야 하고 이를 표현하는 것에 익숙해져야 한다. [그림 2-1]의 감정 표현 중에서 아무것이나 하나의 감정을 선택해서 짧은 글짓기를 해 보자.

나는 ________________에 압도당했다.

나는 ________________를 시기했고, 그래서 ________________했다.

또는 제시된 감정 표현들을 이용해 가족끼리 모여 빙고게임을 해 볼 수도 있다.

빙고게임 방법

1. 각자 빙고판을 만든다.
2. 한 명씩 돌아가면서 감정 표현을 이야기하면 각자 자신의 빙고판의 칸에 쓴다. 이와 같은 방법으로 16개 칸을 각 감정 표현으로 채운다.
3. 감정 표현으로 채워진 빙고판에서 원하는 감정을 돌아가면서 1개씩 부르고 호명된 감정이 쓰인 칸을 색칠한다.
4. 색칠된 칸이 가로, 세로 또는 대각선으로 한 줄이 된 사람이 이기는 것이다.

이 놀이를 통해 부모와 자녀(또는 부부) 간에 다양한 감정 표현에 익숙해질 수 있다. 그리고 제시된 감정 스티커들을 냉장고 문이나 식탁 옆 벽면에 붙여 놓고 일상생활에서 자신의 감정을 표현할 때마다 사용하면서 다양한 감정 표현에 익숙해지면 자녀의 복잡 미묘한 감정을 이해하고 공감해 주는 능력이 크게 신장될 것이다. 집에서 자녀의 감정을 공감해 주고 자녀의 생각을 반영해 주는 부모 역할을 연습해 보도록 한다.

⑦ 과제

- 일주일 동안 아이의 감정을 확인하고 공감해 준 일이나 아이의 생각 및 아이의 행동을 있는 그대로 반영해 준 일을 기록해 오도록 한다. 그것을 다음 시간에 다른 부모들과 나누며 각자의 공감하기 노하우를 이야기하도록 한다.
- 다음 일주일 동안에는 아이를 좀 더 자세히 관찰하고 살펴서 혹시 그동안 부모가 몰랐던 아이의 신체적 특징이 있는지 알아오도록 한다. 부모들은 너무나 당연하게 자신이 아이에 대해 100% 잘 알고 있다고 단정 짓는 경우가 많다. 따라서 이 과제는 치밀하게 관찰하여 새로운 특징을 찾는 과정에서 부모가 아이에 대해 모르는 부분이 많다는 것을 인정하도록 하기 위한 것이다.
- 가장 마음에 드는 아이의 사진 1장을 다음 시간에 가져오도록 한다. 보기만 해도 웃음이 저절로 지어지거나 가슴 벅찬 기억이 떠오르는 사진이라면 더욱 좋다. 이런 사진을 찾기 위해 부모는 아이를 키워 오면서 기쁘고 행복했던 경험들을 떠올려 보게 될 것이고, 이를 계기로 아이에 대한 자신의 사랑을 다시 발견하게 될 것이다.

양육 워크북

2회기: 자녀의 거울이 되어 주기

부모와 자녀 관계에서 '공감해 주기'가 중요하다는 것은 이미 알려진 사실입니다. 굳이 부모와 자녀 관계뿐만 아니라 어떤 사람하고든 관계를 잘 맺는 사람들의 특성을 보면 상대방의 감정과 생각을 민감하게 잘 알아차리고 그것을 공감해 주는 능력이 뛰어납니다. 이런 특성은 타고나기도 하지만, 많은 부분은 연습에 의해 개발될 수 있습니다. 특히 부모-자녀 관계에서 쉽게 연습할 수 있고, 쉽게 개발될 수 있는 부분이기도 합니다.

부모-자녀 관계에서 감정을 인정해 주는 공감하기는 자녀의 건강한 발달에 필수적인 요소입니다. 자녀가 각 상황에서 경험하는 감정에 대해 부모가 그 '명칭을 붙여 주면' 자녀는 자신의 감정이 어떤 것인지를 분명하게 이해하게 되기 때문이지요.

자녀는 자신의 감정과 생각을 부모라는 '거울'에 비추어서 확인하면서 성장하는 존재입니다. 그래서 부모가 자녀의 감정을 더 자주, 더 정확하게 비추어 주면 자녀는 자신에 대해서 이해할 뿐만 아니라 부모가 자신의 감정을 존중해 준다고 생각해서 자신을 소중하고 가치 있게 여기게 됩니다. 반면에 부모가 자녀의 감정을 비추어 주지 않으면 자녀는 자신이 부모에게 인정받지 못한다고 생각하고, 자신에 대해서 정확히 알지 못하게 될 수 있습니다.

그럼 이제부터 자녀의 감정을 비추어 주는 '거울' 역할 연습을 해 봅시다.

'거울' 역할 연습

1. 감정을 표현하는 다양한 언어들을 배워 봅시다.
   〈참고자료: 65쪽의 다양한 감정 표현 그림〉

2. 자녀의 얼굴을 들여다보면서 지금 자녀가 경험하고 있는 상황을 참고로 생각해 자녀의 감정이 무엇일지 찾아보세요.

3. 자녀의 감정을 확인해 줄 수 있는 단어를 찾아보세요.

4. 부모님이 찾은 단어로 자녀의 감정을 반영해 주세요.
   이때 그 감정에 적합한 표정과 억양으로 말해 주어야 합니다.

※ 주의할 점: 자녀의 감정을 확인하는 질문은 절대 하지 마세요.
예를 들어, "지금 너는 흥분한 것 같은데, 그렇지?" 라고 묻는다면 자녀는 자신의 부모가 현재 자신이 느끼고 있는 감정을 '이해할 수 없다'는 의미로 해석할 수도 있습니다.

활동지: 자녀의 거울 되기

다음 일주일 동안 자녀를 잘 관찰하여 감정을 알아차리고 반영해 준 일을 기록해 보세요. 반드시 자녀를 주어로 하는 문장으로 반영해 주세요. 예를 들면, “네가 많이 슬픈 것 같구나.” “네가 지금은 나에게 많이 화가 났구나.”와 같은 말을 하면서 부모님의 얼굴 표정도 억양도 그 감정에 적합하게 맞추어야만 합니다.

행복한

자녀가 경험한 상황이나 자녀의 말

____

____

____

자녀가 느낀 감정

____

____

____

부모가 반영한 내용

____

____

____

슬픈

자녀가 경험한 상황이나 자녀의 말

____

____

____

자녀가 느낀 감정

____

____

____

부모가 반영한 내용

____

____

____

화난

자녀가 경험한 상황이나 자녀의 말

자녀가 느낀 감정

부모가 반영한 내용

걱정하는
염려하는

자녀가 경험한 상황이나 자녀의 말

자녀가 느낀 감정

부모가 반영한 내용

〈참고자료: 다양한 감정 표현〉

출처: http://www.garrettspecialties.com/mood-magnet-p-729.html

3) 3회기: 부모-자녀 관계의 질

(1) 운영 개요

① 목표

- 지난주 과제 점검을 통해 각자의 경험을 나눈다.
- 자녀의 모습 그대로 수용하기 기술을 숙지한다.
- 현재 자신의 부모 역할 중 장점이 무엇인지 알아보고 이를 활용한다.

② 준비내용

- 컴퓨터, 빔프로젝터, 이름표, 종이, 연필
- 종이 액자틀, 풀, 가위, 꾸미기 재료(사인펜, 스티커 등)
- 간단한 다과 및 차
- 모든 구성원이 가능한 한 둥글게 앉도록 한다.

③ 진행방법

- 맞이하기
- 과제 점검
- 활동: 부모-자녀 놀이 – [자녀 사진 액자 만들기]
- 중심 개념 안내: 부모-자녀 관계의 질(애착)
- 양육 워크북 소개: 명상하기 놀이
- 과제 공지

(2) 3회 프로그램 진행

① 맞이하기

안내자는 도착하는 부모들과 아이들을 반갑게 맞이하고, 지난 한 주 동안 잘 지냈는지, 특별한 일은 없었는지 등을 확인한다. 특별한 일이 있는 가족은 기억해 두었다가 이후 프로그램에서 나눌 수 있는 기회를 제공한다.

② 과제 점검

'자녀의 새로운 신체적 특징 알아오기' 점검하기

먼저 그동안 몰랐던 자녀의 신체적 특징을 찾았는지, 어떤 것들이 있었는지 나눈다.

사례 1 우리 아이는 태어났을 때부터 등 위쪽에 밤색의 점이 하나 있었어요. 저는 그 점이 거기에만 있는 줄 알았는데, 이번에 목욕시키면서 자세히 보니까 귓볼 밑에도 하나 있더라고요. 신기했어요. 왜 이제야 그것을 발견했는지…….

사례 2 저는 우리 아이 머릿속에 작은 혹이 있다는 것을 알게 되었어요. 두 살 때 장난치다가 쇠파이프에 부딪힌 적이 있는데, 전 그때 뒤통수에 생긴 혹이 당연히 없어졌을 거라고 생각하고 있었거든요. 그런데 이번에 유심히 살펴보니까 그 혹이 아직도 있더라고요. 머리를 만져 보다가 알게 되었어요. 벌써 3~4년 전 일인데 왜 그동안 몰랐을까 하는 생각이 들더라고요.

사례 3 저는 우리 아이 양쪽 귀 모양이 다르다는 것을 알게 되었어요. 귓볼 끝이 한쪽은 둥근데 다른 한쪽은 칼귀처럼 뾰족한 모양이더라고요. 귀 윗부분이나 귓바퀴 부분이 양쪽 귀 모두 똑같으니까 당연히 똑같을 거라고 생각했거든요.

사례 4 저는 아이 얼굴에 수두 자국을 하나 발견했어요. 돌 때쯤 수두를 했는데, 그때 흉터 없이 끝나서 좋아했는데 아니더라고요. 턱 밑의 안쪽으로 패인 자국이 남아 있었어요. 턱 아래 부분이니까 쉽게 보이지 않아서 잘 모를 수도 있었겠지만, 그래도 얼굴인데 지금까지 몰랐다는 것이 신기하네요.

이와 같이 아이의 새로운 신체 특징을 못 찾아오는 경우는 거의 없다. 모든 부모들은 자신들이 몰랐던 아이의 신체 특징에 대해서 나누면서 자연스럽게 아이에 대해서 완전히 알고 있다고 확신할 수 없다는 마음을 갖게 된다. 그래서 앞으로는 좀 더 아이에 대해서 민감하게 살피고 자신의 선입관을 버리도록 해야겠다는 결론을 스스로 내리게 된다. 안내자가 굳이 이 부분을 강조하지 않는 것이 좋다. 바로잡아야 하는 지식이나 개념일수록 각자가 정리해야 적용하기도 쉽기 때문이다.

'공감해 주기' 점검하기

다음으로 자녀의 감정을 공감하고 자녀의 상태를 반영해 주었던 경험들에 대해서 간단히 나눈다. 특히 힘들었던 부분들, 자녀의 감정을 공감해 주었을 때 자녀의 반응 등에 대해서 나눈다.

사례 1 지금 제가 써 놓은 것을 보니까 일주일 내내 아이가 슬펐던 것, 속상했던 것, 짜증났던 것만 공감해 주었네요. 어째 기분 좋았던 적은 없었는지 몰라……. 그래도 아이가 기분이 안 좋을 때 제가 "속상하구나."라고 말해 주니까 금방 풀리더라고요. 예전에는 그냥 스스로 풀릴 때까지 두었거든요.

대부분의 경우 아이가 기분 좋을 때보다 부정적인 감정일 때 공감해 주고 반영해 주는 경우가 더 많다. 그것은 아이가 기분이 나쁠 때 부모의 도움이 필요하기 때문이다. 아이의 부정적인 감정을 공감해 주어서 그 감정으로부터 아이가 벗어나도록 하는 것은 아이의 건강한 정서발달을 위해 아주 중요하고 그만큼 가치 있는 일이다.

그러나 아이에게 민감하게 반응하고 공감을 잘하는 부모는 그에 그치지 않고 아이의 기분 좋은 일, 아이가 잘하는 일이나 특성에 대해서도 적절히 공감하고 격려해 주어 아이의 긍정적인 특성을 성장시키도록 돕는다. 따라서 앞으로는 아이의 부정적인 감정뿐만 아니라 기분 좋았던 긍정적인 것까지 공감하고 반사해 주는 부모 역할을 연습할 필요가 있다.

사례 2 저는 정말 신기했어요. 아이가 밥 먹을 때 물을 잘 쏟아요. 그래서 그 때마다 아이와 전쟁 한 판을 하는데, 이번에는 신기하게 해결되었어요. 이번에도 물을 쏟아서 화가 나려고 하는데 공감하기 과제 생각이 나서 제가 아이의 얼굴을 살폈죠. 그리고 "조심하려고 했는데 물을 쏟아서 속상하구나!" 라고 했더니 아이가 울지 않고 고개를 끄덕이며 자기가 엎질러진 물을 행주로 닦더라고요. 그러고는 아이가 먼저 "엄마! 다음부터는 두 손으로 컵을 잡을 거예요." 하지 뭐예요. 보통은 그 상황에서 아이는 큰 소리로 울기 시작하고, 저는 왜 조심성이 없냐면서 물을 치우거든요. 그리고 두 손으로 컵을 잡아야 한다고 가르치죠. 그런데 이번에는 아이가 스스로 정답을 이야기하는 거예요. 그리고 무엇보다 신기했던 것은 매번 큰 소리로 우는 아이가 미웠는데 (자기가 물 엎지르고 뭘 잘했다고 울고불고 난리인지, 정말 미웠거든요), 울지 않았다는 것이 제게는 정말 신기한 경험이었어요. 정말 공감하기부터 하니까 문제가 해결되는 것 같아요.

사례 3 저도 비슷한데요. 아이의 얼굴 표정과 행동, 몸짓 등을 자세히 보려고 노력하니까 그 상황에서 아이가 어떤 감정이고 어떤 마음일지 알 수 있더라고요. 그리고 아이의 마음을 들여다보니까 화가 나지 않고요. 평소 같으면

울컥하고 울화가 치밀어 올랐을 텐데, 화가 나기보다는 제가 차분해져서 아이 마음을 공감해 줄 수 있었어요. 그랬더니 아이가 이상한가 봐요. 평소와 다르게 엄마가 화를 안내니까. 눈을 동그랗게 뜨고 저를 쳐다보더니 이내 웃으면서 안기더군요. 이 방법을 잊지만 않으면 아이와 분쟁거리가 생길 때마다 큰 소리 내지 않고 수월하게 해결할 수 있을 것 같아요.

사례 4 우리 아이는 제가 공감해 주니까 더 어리광이 심해지던데요. 저는 아이의 감정을 공감하는 것은 좋은데, 아이가 잘못한 경우에도 무조건 공감부터 해야 하는지 의문이 들었어요. 그러면 아이는 자신의 잘못을 모르는 것 같아요. 어떤 아이는 똑똑해서 스스로 해결책까지 제시하면서 자신이 앞으로 어떻게 하겠다고 말한다고 하니 부럽네요. 우리 아이는 그냥 엄마에게 혼나지 않은 것으로 만족하는 표정이에요. 그래서 좀 혼란스러웠어요. 공감은 한 것 같은데 무언가 빠진 것 같은 느낌이 들었어요.

물론 아이의 잘못된 행동은 훈육을 해야 합니다. 그러나 훈육 전에 왜 그런 행동을 했는지 정확히 알아봐야 하는 것이 우선되어야 하겠지요. 그 과정에서 아이에게 공감하기를 활용하시면 됩니다. 즉, 먼저 공감하기를 통해 왜 그런 행동을 하게 되었는지 알아본다면 아이는 긴장하지 않고 편안하게 자신의 입장을 이야기하게 됩니다. 그리고 그 과정에서 아이 스스로 자신의 행동을 한 번 더 점검해 볼 수 있습니다. 대부분의 아이는 스스로 잘못된 행동을 발견하게 되어 스스로 바로잡게 되는 것이지요. 그러나 공감하기를 통해 다시 점검하더라도 아이가 자신의 잘못된 행동을 발견하지 못한다면 부모님은 훈육하셔야 합니다. 이와 같은 절차로 훈육을 하시면 아이가 쉽게 자신의 잘못된 행동을 수긍하게 되어 효과적으로 훈육하실 수 있습니다.

대부분의 부모들은 공감하기를 잘 정리해서 온다. 처음 해 보는 경우에는 공감하기 흉내 내기에 급급한 경우도 있지만, 다른 부모들의 경험을 들으면서 자신들에게 적용하며 자기만의 공감하기 노하우를 정리하곤 한다. 공감하기 전략은 앞으로 부모 모임 때마다 틈틈이 나눌 수 있는 기회를 주어서 처음보다 스스로 얼마나 좋아졌는지를 점검하고 스스로 격려하도록 해야 한다. 위에서 살펴본 바와 같이 적절한 공감하기를 잘 활용하면 자녀 훈육이 아주 쉬워지기 때문이다.

③ 활동: 부모-자녀 놀이 — [자녀 사진 액자 만들기]

부모들에게 집에서 가장 마음에 드는 사진을 가져왔는지 확인하면서 왜 그 사진을 택하게 되었는지 각자의 이야기를 들어본다. 대부분의 경우 각 사진과 관련된 독특한 경험들이 있다. 왜 그 사진을 좋아할 수밖에 없는지! 그 사연들을 들으면 자녀에 대한 부모의 사랑이 느껴져 모두들 마음이 훈훈해진다. 그리고 몇몇 부모들은 울기도 하고 그 시절을 그리워하기도 한다. 이는 그동안 부모가 아이의 힘든 점만 바라보고 있느라 잊고 있었던 아이에 대한 사랑이 되살아나기 때문이다.

준비해 온 사진을 종이로 된 사진틀에 붙이고 그 주변을 자녀와 함께 예쁘게 꾸미도록 한다. 그리고 사진 밑에 그것을 택한 이유를 적도록 한다. 이렇게 만들어진 사진을 집에 가서 가장 잘 보이는 곳에 전시한다. 예를 들면, 냉장고 문에 붙여 냉장고를 열 때마다 볼 수 있게 하든지, 식탁 옆 벽면에 붙여서 밥 먹을 때마다 보든지, 현관 입구나 현관문에 붙여 집을 나가고 들어올 때마다 볼 수 있도록 한다. 가능한 한 자주 사진을 보면서 부모 자신이 얼마나 아이를 사랑하는지 확인하도록 한다.

④ 중심 개념: 부모-자녀 관계의 질(애착)

부모들이 자주 범하는 오류에 대해 이야기하기 위해 하나의 예를 들고자 한다. 지금 한 엄마가 수제비를 만들려고 한다. 준비된 재료는 밀가루, 물, 멸치, 다시마, 마늘, 간장과 소금, 양파다. 혹시 이 외에 다른 재료가 더 필요할까?

이 질문에 대해 부모들은 호박, 감자, 파, 고기, 참기름, 계란 외에도 다양한 재료를 대답한다. “이미 준비된 재료로는 수제비를 만들 수 없을까요?”라는 질문을 하면 자신들은 수제비에 호박이 들어가야 맛있더라, 감자가 있어야만 한다, 혹은 닭고기 국물에 해야 맛있다와 같이 주장한다. 부모 자신들이 가장 맛있다고 생각하는 수제비만을 고집하는 것이다.

사실 먼저 제시한 재료들(밀가루, 물, 멸치, 다시마, 마늘 간장, 소금, 양파)만으로도 수제비를 충분히 맛있게 끓일 수 있다. 그런데 혹시 이 외에 다른 재료가 더 필요하지 않을까 하는 질문에 부모들은 좀 더 맛있는 수제비를 만들기 위해 고민하게 되고, 그 결과 다른 재료들을 찾게 된다. 바로 이런 모습이 우리 부모의 모습이다. 이미 자녀들에게 그들만의 고유한 능력과 특성이 충분히 있음에도 불구하고 그것은 ‘당연한’ 것으로 여기고 ‘좀 더 나은’ 능력이나 특성을 더 갖기를 원한다.

그리고 수제비를 끓이는 요리사는 부모가 아닌 자녀다. 자녀는 지금 준비된 재료로만 자신의 수제비를 맛있게 끓이고 싶다. 자녀는 지금 준비한 재료만으로도 충분히 맛있는 수제비를 끓일 수 있다고 생각해서 그 재료만을 준비한 것이다. 그런데 옆에서 지켜보고 있던 부모가 좀 더 맛있게 하기 위해 새로운 재료를 더 넣으라고 하는 것이다.

우리 부모들은 자녀가 최고로 우수한 사람이 되기를 원한다. 혹은 부모 자신이 이루지 못한 꿈이나 능력을 갖기를 희망하기도 한다. 물론 자녀 스스로 이루려던 꿈이나 수준보다 더 나은 것이 되도록 하는 게 결코 나쁜 일은 아니다. 다만 그 꿈을 이루는 것은 자녀이지 부모가 아니기 때문에 자녀 스스로 그 재료가 더 있어야 한다고 생각하기 전에 그것을 강요하는 것은 의미가 없다.

그리고 중요한 것은 자녀가 준비한 기본 재료로 아직 수제비를 끓여 보지 않았다는 것이다. 기본 재료만으로도 충분히 맛있게 끓일 수 있다. 그럴 수 있다면 자녀는 정말 훌륭한 요리사인 것이다. 만약 기본 재료로 끓인 수제비가 맛이 없다면 요리사인 자녀는 고민하게 될 것이다. 무엇이 부족한지 고민하고, 요리 방법도 점검하여 보충한 다음 다시 끓이면 되는 것이다. 자녀의 마음에 흡족한 수제비 요리가 완성될 때까지. 자녀들은 지금 성장 중임을 잊지 말자. 얼마든지 실수해도 되고 또 실패할 수도 있는 나이이다. 실수와 실패를 통해 한 단계씩 발전해 나가면 되는 것이다.

부모-자녀 관계의 질이 안정적으로 형성되는 과정을 설명하면 다음과 같다.

자녀의 관점에서 부모와 자녀의 관계 맺기는 자녀가 태어나면서부터 시작된다. 어린 자녀들은 주로 부모의 도움이나 위로가 필요하고, 부모한테 자랑할 만한 것을 했을 때 두 팔 벌려 다가온다. 이때 부모가 민감하게 자녀의 요구를 들어주거나 위로해 주거나 자녀의 성취 또는 성공을 함께 기뻐해 주면, 자녀는 부모의 위로나 충고 그리고 격려를 토대로 심리적 안정을 찾을 뿐 아니라 자신감을 가지고 새로운 도전거리를 찾아 나선다. 반면에 자녀의 이런 요구에 부모가 반응하지 않거나 자녀의 요구를 무시하게 되면, 자녀는 심리적 불안정을 이루게 되고 심한 경우 마음의 상처를 입게 된다. 부모에게 위로받지 못한 자녀는 부모에 대한 기대가 채워지지 않아서 불안이나 분노를 경험하게 되고 심리적으로 불안정하여 자신에 대한 자신감이 부족한 상태로 새로운 도전거리를 찾아 나선다. 이러한 경우에는 안정을 찾은 자녀보다 적극적이지 못하고 자신감이 없기 때문에 새로운 도전에 실패할 것만 같은 불안한 마음으로 도전하게 되어 당연히 실패하기가 쉽다.

2차 도전의 결과, 부모가 민감하게 반응해 주었던 자녀들은 2차 도전에서도 성공하기 쉽다. 부모가 충족시켜 준 자신감과 격려 때문이다. 다시 성공한 자녀들은 부모한테 두 팔 벌려 달려가 성공에 대한 기쁨을 다시 나누며 격려받아서 더 큰 도전을 해 보겠다는 큰 꿈을 꾸며 좀 더 큰 도전거리를 찾아 나선다. 반면에 부모의 격려나 지지를 받지 못한 자녀는 불안감과 자신 없음으로 인해 실패하기 쉽다. 실패한 자녀를 일으키기 위해 가장 필요한 것은 부모의 위로와 격려다. 이에 자녀는 다시 부모로부터 격려와 위로를 받기 위해 부모에게 다가가지만 민감하지 못한 부모는 이번에도 자녀에게 적절하게 반응하지 못하는 경우가 대부분이다. 그러면 자녀는 한 번 더 좌절하여 자신감을 더욱 잃게 된다.

이와 같이 자녀는 자신이 위로받고 싶을 때, 무엇인가를 열심히 해서 그 결과나 과정에 대해 칭찬받고 격려받고 싶을 때, 또는 너무 열심히 해서 편안히 쉬고 싶을 때 부모를 찾는다. 그리고 부모가 자신이 원하는 것을 조건 없이 해 주기를 원하고, 부모가 적절히 자신의 요구를 충족시켜 주면 회복되고 자신감이 충만하여 스스로 하고 싶은 것을 더 하려고 노력하게 된다.

자녀가 부모에게 바라는 것은 바로 이것이다. 자신이 위로받고 싶을 때 위로받고, 실패했을 때 다시 힘을 낼 수 있도록 쉬게 해 주고 새로운 용기를 가질 때까지 옆에서 함께 있어 주는 것, 그리고 성공했을 때 자신보다 더 기뻐해 주며 그 기쁨을 두 배로 만드는 것이다. 부모가 이를 적절히 잘 해 주면 부모-자녀 관계의 질은 안정되고 자녀성장에 가장 효과적인 부모-자녀 관계가 되는 것이다. 반면에 부모가 그것을 적절히 하지 못하면 부모-자녀 관계가 불안정하여 자녀성장의 걸림돌이 되는 것이다.

이런 부모-자녀 관계의 질을 좀 더 잘 이해하기 위해서 다음 상황을 상상해 보자. 아장아장 걷기 시작한 아이가 거실에 있는 소파에 올라가려고 한다. 그런데 소파 높이가 아이의 가슴까지 오는 높은 곳이어서 아이의 짧은 다리로는 올라가기 힘들다. 아이는 여러 번 시도하지만 그때마다 넘어져서 울며 부모에게 안겨 위로받는다. 하지만 아이는 아팠던 곳의 아픔이 사라지고 울음이 그치면 다시 소파를 향해 아장아장 걸어간다. 그리고 소파에 오르기 위해 힘을 주면서 부모를 한 번 쳐다본다. 이때 부모가 "할 수 있어!"라고 응원의 미소를 지어 보이면 그 격려에 용기를 내어 아이는 힘차게 배치기를 하고, 결국 소파 위로 짧은 다리 한쪽을 올려 기어 올라간다. 소파 위에 올라간 아이는 자랑스러운 얼굴로 부모를 바라보며 환하게 웃는다. 이런 아이의 모습을 보고 있던 부모는 아이보다 더 기쁜 표정으로 아이의 성공을 칭찬하고 아이의 용기를 격려하고 아이보다 더 환한 웃음을 짓는다. 아이는 부모와 함께 자신의 성공의 기쁨을 나누고는 부모 품에 안겨 휴식을 취한다. 그리고 아마도 다음에는 좀 더 어려운 도전거리를 찾게 될 것이다. 바로 이런 부모의 역할이 부모-자녀 관계에서 가장 안정적이고 높은 수준의 질적인 관계를 형성하는 비결이다.

하지만 아이가 소파에 오르려고 할 때마다 왜 그 높은 것에 오르느라 자꾸 넘어지고 우느냐고 아이를 혼낸다면 아이는 부모의 눈치를 보게 될 것이다. 소파에 오르고 싶은데 부모가 자꾸 못하게 하니까. 또는 자신이 소파에 오르느라 노력하고 있다는 것도 모르는 부모를 보면서 외로움을 느낄 것이다. 그래도 아이는 자신이 목표로 한 소파에 오르기를 결국엔 성공한다. 그런데 그 성공의 기쁨을 나누고 싶어 부모를 바라보았는데 부모가 아이의 성공에 관심도 없고 아이가 무엇을 했는지조차 모른다면 아이가 얼마나 실망하고 마음의 상처를 받겠는가? 아이가 부모의 무관심이나 무반응 심지어 자신의 노력에 대한 질책을 받는 경험을 반복적으로 하게 된다면 점차 마음에 상처를 갖게 될 뿐더러, 부모의 비난으로 인해 자신의 가치를 낮게 평가하게 된다. 즉, 자신은 잘할 수 있는 것이 없는 존재, 자신은 무엇이든지 실패하는 존재, 아무도 좋아하지 않는 존재라고 생각하게 된다. 그리고 이런 생각을 가진 자녀는 부모 이외의 사람들과도 건강하지 못한 관계를 형성하게 되어 이후 사회생활을 해 나가기가 힘들어진다.

부모-자녀 관계의 질은 부모만이 아니라 자녀의 모든 사회관계에 영향을 미치는 중요한 것이다. 부모-자녀 관계에서 거부당하거나 무시받은 자녀는 다른 사람과의 관계에서 공격적이거나 수줍은 태도를 갖기 쉽다. 대부분의 사람들은 공격적인 사람과는 부딪히기 싫어서 피하게 되고 수줍은 사람은 그 존재 자체를 인식하지 못해서 무시하게 된다. 따라서 공격적이거나 수줍은 성향의 사람들은 사회에서 고립되기 쉽고, 사람들로부터 고립되면 불안과 분노가 점차 쌓여 반사회적인 행동이 증가될 수밖에 없다. 이처럼 부모-자녀 관계의 질은 자녀의 사회생활에 많은 영향을 미치게 되므로 어린 시절에 부모-자녀 관계의 질을 안정적으로 형성하는 것이 중요하다.

부모-자녀 관계를 통해 자녀는 사회적 기술과 자기 통제력을 확립하게 된다. 즉, 부모와의 관계 맺는 과정에서 다른 사람과 효과적으로 관계를 형성하게 되고, 부모에게 사랑받아 본 경험을 토대로 다른 사람의 사랑을 받는 것이 어떤 것인지 알게 된다. 그리고 부모와 의견이 다를 때 자신이 원하는 것을 하기 위해서 적절한 타협안을 제시하고 협상하는 기술을 배우고 연습하게 된다. 아울러 자신을 믿어 주고 자신을 칭찬해 주었던 부모가 자신에게 부적절하다고 제한하는 것을 하지 않고 참는 경험을 통해 자기 통제력을 배우고 키우게 된다. 예를 통해 좀 더 자세히 설명해 보면, 아주 어린 아기가 가위를 보고는 만져 보고 싶어서 다가가는데, 이를 옆에서 지켜본 엄마가 얼른 가위를 치우면서 아이에게 위험한 물건이고 만지면 다칠 수 있다고 말한다. 엄마의 말을 듣고도 아이는 그 가위가 궁금하고 만져 보고 싶어서 가위를 만지겠다고 울거나 떼를 쓸 것이다. 그러면 엄마는 아이가 가위를 만질 수 없도록 아이 손이 닿지 않는 곳으로 치우고, 울거나 떼쓰는 아이를 달래면서 다른 안전한 장난감을 주며 울음을 그치게 한다. 아이는 가위가 위험하다는 엄마의 말을 이해하지는 못한다. 하지만 엄마의 동작과 표정을 통해 가위를 만질 수 없다는 것은 알게 되고, 가위를 만지지 못하게 한 엄마의 행동으로 인해 억지로 가위를 만지고 싶은 자신의 욕구를 참게 된다. 아이는 엄마의 도움을 통해 자신의 욕구를 통제하는 기술을 배우게 된 것이다. 뿐만 아니라 엄마가 제시한 안전한 장난감을 가지고 노는 것으로 타협하는 방법도 배우게 된다. 아이들은 누구나 어린 시절 이와 같은 경험을 하게 된다. 가위뿐만 아니라 생활 속에서 아이가 만져서는 안 되고 해서는 안 되는 것들이 얼마나 많은지 생각해 보라. 아이가 부모의 도움과 위로를 통해 그것들에 대한 욕구를 참아 나갈 때 자신의 욕구를 통제하는 능력은 발달하게 된다.

요컨대, 부모-자녀 관계는 자녀에게 필요한 '무조건적인 지원과 사랑'을 제공할 뿐만 아니라 자녀가 따라야 할 규준을 알려 주는 훈육을 통해서 건강한 삶을 위해 반드시 필요한 '자기통제 능력'도 키워 주는 것이다.

⑤ 양육 워크북: 명상하기 놀이

3회기 양육 워크북 주제는 '자녀에게 자기 통제 기술을 알려주는 것'이다. 안내자는 부모에게 다음과 같이 안내하도록 한다.

부모가 일관성 있는 훈육을 해 왔다면 자녀는 자신의 연령에 적합한 통제능력을 발달시키게 된다. 그렇지 못했다면 자신에 대한 통제능력이 부족해서 사회생활에 많은 문제를 일으킬 수도 있다. 여기에서는 자기통제 능력이 부족한 자녀들에게 도움이 되는 방법인 '명상하기' 놀이를 소개하고자 한다. 명상하기 놀이 또는 얼음땡 놀이로 소개할 수 있다. 일정 시간 동안 몸을 움직이지 않고 가능한 한 상상도 하지 않고 정지해 있는 놀이다. 이를 통해 자녀는 자신의 몸과 생각을 스스로 통제하는 기술을 배우고 향상시킬 수 있다.

우선 벽을 향해 명상하기 자세인 양반다리를 하고 앉아서 두 손은 팔짱을 끼거나 무릎 위에 올려놓는다. 이때 벽면은 아무 무늬가 없는 흰색 벽이어야 한다. 벽에 무늬나 색깔이 있으면 아이가 무늬를 세거나 색깔을 이용해 상상할 수 있어 자신의 생각을 통제하기가 힘들기 때문이다. 또한 눈을 반드시 뜨고 있어야 한다. 눈을 감게 되면 잠이 들거나 상상하기 쉽기 때문이다. 그리고 움직이지 않고 앉아 있어야 하는데, 양반다리를 하고 팔짱을 끼고 있으면 움직이지 않고 자세를 유지하는 데 도움이 된다. 이런 자세로 처음에는 3분 정도부터 시작하되, 매일 1회 이상씩 하는 것이 효과적이다. 처음에는 다소 힘들어하지만 반복하다 보면 아이들도 즐거운 얼음땡 놀이로 여기며 즐기게 된다. 무엇보다 명상하기를 반복할수록 자녀가 차분해져서 과격하거나 흥분하는 횟수가 적어지고, 부모가 훈육하거나 무엇인가를 지시할 때 집중해서 듣는 능력이 증가한다는 보고가 많다. 부모들은 자녀가 침착하고 안정되어 소란스러운 특성들이 줄어들었다고 만족한다.

⑥ 과제

- 중심 개념으로 다룬 부모-자녀 관계의 질을 생각하면서 자녀와의 놀이시간을 실행하고, 그 결과를 양육 워크북에 제시된 '자녀의 놀이에 동참하기: 체크리스트'에 기록하도록 한다.
- 가능하다면 자녀와의 놀이과정을 녹화해서 그것을 다른 부모들과 나누고 놀이과정을 확인해 볼 수 있도록 한다.
- 자녀에게 명상하기 놀이(얼음땡 놀이)를 소개하고, 실행하면서 기록표를 작성해 오도록 한다.

양육 워크북

3회기: 명상하기 놀이

아이는 부모와 안정적인 애착을 형성해야 하는데, 어린 시절에 어떠한 이유로 안정 애착을 형성하지 못한 아이들은 대다수가 자신을 통제하고 조절하는 기술이 거의 발달되어 있지 않습니다. 그래서 이런 아이들은 산만해 보이거나 주의집중을 못하거나 행동과 감정이 과장되어 보이는 경우도 있습니다. 이는 돌 전후 시기에 부모의 적극적인 애정과 민감한 양육을 받지 못해서 마음과 정신이 안정되게 성장되지 못했기 때문입니다. 따라서 이런 아이들에게는 반드시 스스로를 통제하고 조절하는 능력을 키우도록 도와주셔야만 합니다.

아이가 살아가면서 가장 중요한 것은 화가 나거나 슬프거나 기쁘거나 겁이 날 때 스스로를 통제할 수 있는 능력입니다. 이 능력을 키우지 못한 채 아이가 몸과 감정이 성장한다면 아주 심각한 문제를 일으킬 수도 있기 때문입니다. 만약 이 아이가 부모의 통제 범위 안에서(위험한 일은 못하게 훈육하는) 성장했다면 자기 통제력을 이미 경험하고 배웠을 테지만, 불행하게도 아직 통제 범위를 경험하지도 배우지도 못했다면 지금 부모님께서 완전하게 알려 주셔야만 합니다.

명상하기 놀이를 소개하는 단계

※ 주의할 점: 이것은 절대로 생각하는 의자나 방석에 앉아 벌을 서는 것이 아닙니다.

1 먼저 다음과 같은 분위기를 준비해 주세요(준비사항).

집 안의 장소 중에서 부모님이 잘 볼 수 있고, 편안하고, 안전하고, 산만하지 않은 장소를 정하십시오. 거실의 조용한 구석이나 다른 가족들 생활에 방해되지 않는 공간으로 하되 부모님이 잘 볼 수 있는 곳이어야 합니다.
그리고 그 위치에서 아이는 벽을 향해 앉을 것인데, 가능한 한 아이가 바라보는 벽은 아무런 무늬도 없는 흰색 벽이어야 합니다. 만약 벽지에 무늬가 있다면 그것을 통해 공상을 하여 명상하기에 방해가 됩니다.
집 안에 그런 벽이 없다면 가장 적합한 위치를 정하고, 그 위치에서 보이는 벽에 당분간 흰색 종이(전지 크기)를 붙여 주십시오. 위치를 결정한 다음에는 그곳에 방석이나 작은 매트를 놓아두십시오.

2 아이에게 '명상하기'를 다음과 같이 설명하십시오.

"이제부터 매일 하루에 한 번 이상 '명상하기'를 할 거야. 명상하기는 네 마음을 건강하게 자라도록 하는 데 도움이 되는 방법이란다. 명상하기는 아주 간단하지만 처음에는 좀 지루해서 힘들 수도 있어. 하지만 아무리 힘들어도 반드시 해야만 하는 일이란다. 왜냐하면 너를 아주 건강하게 해주는 일이니까.
여기 방석에서 흰색 벽을 향해 앉아 보렴. 앉을 때 양반다리로 앉고 팔은 엄마처럼 팔짱을 껴 봐. 그래, 아주 잘했어! 아주 멋진데! 인도의 유명한 명상가와 똑같은 모습이야. 정말 근사하구나!!
그 자세로 3분 동안 그대로 있는 거야. 말을 하면 안 되고, 어떤 소리를 내도 안 되고, 움직이지 않고 3분 동안 명상을 하는 거야. 명상을 하기 위해 흰색 벽만 바라보고 있으렴. 네가 명상을 시작하면 엄마가 시간을 잴 거야. 명상을 시작한다는 것은 엄마가 알려 준 자세와 방법대로 움직이지 않고 앉아 있기 시작하는 거란다. 그때부터 엄마가 시간을 재기 시작할 거야. 만약 네가 조금이라도 움직이면 시계는 멈추게 돼. 그리고 네가 다시 움직이지 않는 멋진 명상가 자세를 시작하면 다시 시계는 움직이는 거지. 멋진 자세로 3분 동안 움직이지 않는다면 '명상하기'가 끝나는 거란다. 자, 이제 해 보자. 멋진 명상가는 입도 움직이지 않는단다. 시작해 볼까?"

3 아이가 명상하기를 실행하도록 하십시오.

이 과정에서 주의할 점과 예상되는 아이들의 질문은 다음과 같습니다. 참고하시어 아이가 반드시 명상하기를 실행하도록 하셔야 합니다.

1) 가능한 한 아이들이 명상가란 아주 멋진 사람이고 훌륭한 모습이라고 인식하도록 해 주셔야 합니다.

2) 아이가 잘하고 있는 것만 강조하여 말하며 '긍정적인 격려'만 주도록 하십시오. 잘못하고 있는 행동이나 태도를 지적하는 말은 가능한 한 하지 마시고, 잘하는 것을 칭찬하면서 올바른 방법을 안내해야 합니다. 예를 들어, 아이가 다리는 양반다리를 잘했는데 팔을 팔짱끼지 않았다면 "팔이 틀렸어."라고 말하지 마시고, "우와! 멋진 명상가처럼 양반다리를 멋지게 했구나. 팔은 엄마처럼 이렇게 팔짱을 껴 보렴. 팔짱을 끼니까 더 멋진 명상가가 되었구나!"

3) 아이가 아무 말도 하지 않고 입술도 움직이지 않을 때 시간을 재기 시작하십시오. 아이가 시간을 재어도 좋다고 말할 때 시간을 재는 것이 아니라 부모님이 보시기에 정확한 명상가 자세를 취한 순간부터 시간을 재는 것입니다.

4) 만약 아이가 그 자리에 누워 버리거나 말을 하거나 입술을 움직인다면 "시계가 멈추었단다."라고 이야기해 주세요. 그리고 다시 멋진 명상가가 되면 시계는 다시 움직일 것이라고 알려 주십시오.

5) 만약 아이가 계속해서 명상의 자세를 취하지 않거나 반항한다면 다음 중 하나를 선택하도록 하십시오.

   ① 3분 동안 멋진 명상가가 되어서 명상하기

   ② 2시간 동안 아무것도 하지 않고 가만히 휴식하기(몸을 움직일 수는 있지만 지정된 공간—예를 들면, 아무것도 없는 방이나 구석—에서 가만히 앉아 있거나 누워 있는 것)

   벌을 받는 것이 아니라 3분의 명상하기 자세와 2시간의 편안한 자세 중에서 선택할 수 있도록 안내하는 것입니다. 다른 선택은 없습니다.

6) 아이가 명상하기를 하는 동안 부모님은 좀 떨어진 곳(약 1m 내외 거리)에서 아이를 지켜보세요. 그래야만 정확한 명상하기를 훈련할 수 있습니다. 만약 아이가 명상하기 자세로 움직이지 않고 앉아 있는 것을 힘들어한다면 엄마가 함께 하거나, 아이 뒤에 앉아 아이의 자세를 잡아주셔도 됩니다.

7) 처음 한 번 성공하기는 힘들 수 있지만, 일단 성공하고 나면 반복해서 진행하는 것은 수월할 것입니다.

4 명상하기는 매일 훈련해야 하는 일과입니다. 명상하기 실행기록표를 가장 눈에 잘 보이는 곳에 부착하여 기록하고, 아이와 부모님이 그 기록을 자랑스럽게 생각하도록 하십시오.

5 명상하기를 시작한 초기 6개월 동안에는 가능한 한 매일 3회씩 한다면 명상하기의 최대 효과를 경험할 수 있습니다. 적어도 매일 2회는 실시하도록 하십시오. 아이가 흥분하거나 과격해졌을 때 명상하기를 하도록 하는 것도 좋은 방법입니다. 6개월 이후에는 매일 1회씩 실시해도 됩니다.

활동지 1: 명상하기 실행기록표

월 일	월 일	월 일	월 일	월 일	월 일
1회 2회 3회	1회 2회 3회	1회 2회 3회	1회 2회 3회	1회 2회 3회	1회 2회 3회
월 일	월 일	월 일	월 일	월 일	월 일
1회 2회 3회	1회 2회 3회	1회 2회 3회	1회 2회 3회	1회 2회 3회	1회 2회 3회
월 일	월 일	월 일	월 일	월 일	월 일
1회 2회 3회	1회 2회 3회	1회 2회 3회	1회 2회 3회	1회 2회 3회	1회 2회 3회
월 일	월 일	월 일	월 일	월 일	월 일
1회 2회 3회	1회 2회 3회	1회 2회 3회	1회 2회 3회	1회 2회 3회	1회 2회 3회
월 일	월 일	월 일	월 일	월 일	월 일
1회 2회 3회	1회 2회 3회	1회 2회 3회	1회 2회 3회	1회 2회 3회	1회 2회 3회
월 일					
1회 2회 3회					

* 성공하면 ☺ 스티커 붙이기, 실패하면 ☹ 스티커 붙이기

활동지 2: 명상하기 실행기록 그래프

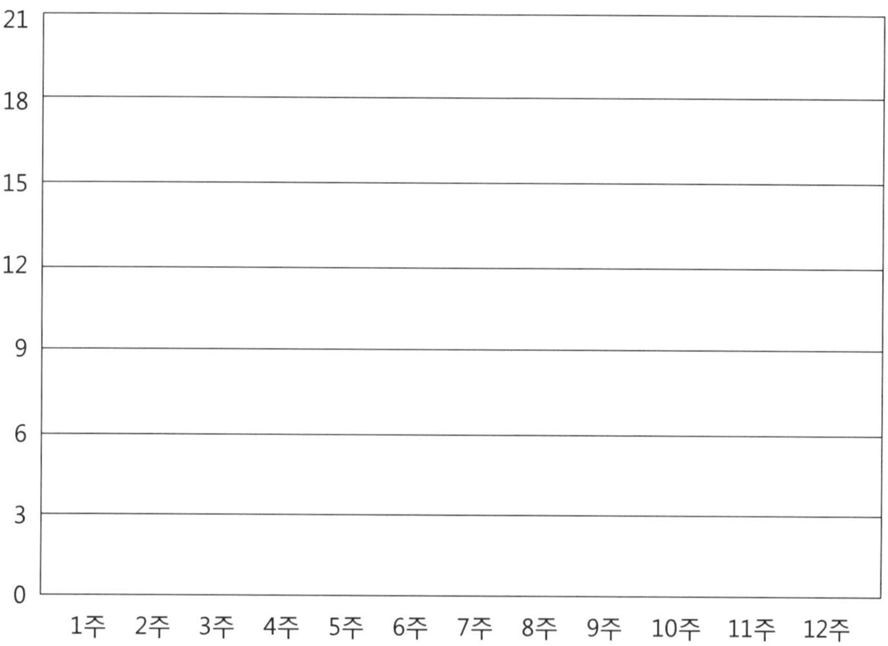

활동지 3: 자녀의 놀이에 동참하기 체크리스트

✎ 자녀와의 놀이시간 동안 다음 사항을 준수했는지 확인해 보세요.

1. 자녀가 놀잇감과 놀이 장소, 놀이방법을 결정하도록 하였나요? 예___ 아니요___
2. 부모는 자녀의 놀이행동을 말로 이야기하였나요? 예___ 아니요___
3. 자녀가 지시하는 놀이행동을 그대로 수용하고 따랐나요? 예___ 아니요___
4. 놀이과정에서 자녀의 감정을 잘 알아차린 적이 있나요? 예___ 아니요___
5. 자녀의 놀이행동을 구체적으로 격려한 적이 있나요? 예___ 아니요___

✎ 자녀와의 놀이 상황에서 부모가 절대 하지 말아야 할 것들입니다. 확인해 보세요.

1. 자녀의 어떤 행동도 비난하지 않았나요? 예___ 아니요___
2. 막연한 칭찬을 하지 않고 구체적인 칭찬을 하였나요? 예___ 아니요___
3. 부모가 주도하는 질문을 하셨나요? 예___ 아니요___
4. 혹시 부모님의 행동이나 말이 자녀의 놀이를 방해한 적이 있나요? 예___ 아니요___
5. 놀이 중 자녀에게 어떤 정보나 방법을 알려주었나요? 예___ 아니요___
6. 혹시 놀이 중 자녀에게 설교하신 적이 있나요? 예___ 아니요___
7. 혹시 놀이 중 새로운 행동을 하려고 시도하셨나요? 예___ 아니요___
8. 놀이 중에 너무 수동적이거나 조용할 정도로 아무 말도 하지 않았나요? 예___ 아니요___

4) 4회기: 훈육하기

(1) 운영 개요

① 목표

• 지난주 과제 점검을 통해 각자의 경험을 나눈다.
• 자녀와의 놀이과정에서의 부모 역할을 확인한다.
• 자녀 훈육 원리를 숙지한다.

② 준비내용

• 컴퓨터, 빔프로젝터, 이름표, 종이, 연필
• 색종이
• 간단한 다과 및 차
• 모든 구성원이 가능한 한 둥글게 앉도록 한다.

③ 진행방법

• 맞이하기
• 과제 점검
• 중심 개념 안내: 훈육의 기술
• 활동: 부모-자녀 놀이 – [색종이 접기]
• 양육 워크북 소개: 부모 휴식 계획하기
• 과제 공지

(2) 4회 프로그램 진행

① 맞이하기

안내자는 도착하는 부모들과 아이들을 반갑게 맞이하고, 지난 한 주 동안 잘 지냈는지, 특별한 일은 없었는지 등을 확인한다. 특히 지난주의 과제 중에 명상하기 놀이가 잘 진행되었는지를 나눈다. 이때 명상하기 기록표를 확인한다. 또한 지난 한 주 동안 자녀와 힘들었던 일이 있었는지, 그것을 어떻게 해결했는지 등을 들어본다.

② 과제 점검

'명상하기 놀이' 점검하기

부모들이 자녀의 명상하기 놀이(혹은 얼음땡 놀이)를 잘 진행했는지 나눈다. 또한 명상하기 놀이에 대한 부모의 소감 등도 나눈다.

사례 1 아이가 어려서 그런지 양반다리로 앉아서 팔짱 낀 채 움직이지 않고 가만히 있는 것이 힘든 것 같아요. 머리를 조금 흔들더라고요. 하지만 아이가 어려서 그런 것 같아서 그냥 넘어갔어요. 근데 자기가 이것을 왜 해야 하느냐구 묻더라고요. 그래서 명상하면 좋은 것이니까 해야 한다고 했어요. 마음의 운동이니까 하는 거라고.

사례 2 우리 아이는 제가 벌주는 거라고 생각했나 봐요. 생각해 보니까 '생각하는 의자에 앉기'처럼 느껴질 수도 있겠다 싶어요. 벌주는 것처럼 하는 것은 아닌데……. 그래서 벌 받는 것 아니고, '얼음'처럼 있는 게임이라 했어요. 엄마처럼 하고(자세를 시범 보임) 얼음처럼 움직이지 않는 놀이라고 이야기 해 주고 제가 함께 했어요.

ꆜ 벌주는 것처럼 하시면 안 됩니다. 강압적으로 무섭게 하는 게 아니라 양반 다리로 앉아서 얼음이 되는 거예요. 진짜 얼음처럼 4분 또는 5분 동안 움직이지 않는 놀이이죠. 4분이 지나면 아이 스스로도 대견해하고, 엄마도 자랑스러워하는 놀이로 소개하셔야 합니다.

'생각하는 의자'와 다른 점은 생각하는 의자는 그곳에 앉아서 자신의 행동이나 잘못에 대해서 생각하고 반성하는 것이지요. 반면에 명상하기 놀이는 가만히 앉아서 눈도 정면만 바라보면서 아무 생각도 하지 않는 것입니다. 즉, 정해진 시간 동안 몸과 마음, 생각 모두를 정지시켜 보는 것입니다. 이것을 즐거운 놀이인 '얼음땡!' 놀이처럼 하셔도 됩니다.

사례 3 우리 아이는 엄마가 하라는 것처럼 가만히 앉아 있고 싶은데 자꾸 몸이 움직인다고 저한데 자기 등 뒤에서 자신을 잡아 달라고 하더라고요. 그래서 처음에는 제가 아이 등 뒤에서 아이가 움직이지 않도록 잡아 주었어요. 그리고 점차 저는 살짝만 잡아 주어도 아이가 가만히 있었어요. 그래서 5일째 되는 날에는 제가 잡아 주지 않아도 아이가 혼자서 잘하더라고요.

사례 4 우리 아이도 처음에는 벌 받는 것인 줄 알고 안 하려고 하더라고요. 그래서 '움직이지 마!'라는 놀이라고 이야기해 줬어요. 몸도 움직이지 않고, 눈도 움직이지 않고 생각도 움직이지 않으려고 흰 벽을 보고 있는 것이라고. 그렇게 할 수 있을까 하면서 제가 장난치듯이 이야기하니까 할 수 있다고 하더라고요. 그래서 저는 제가 명상하기를 했어요. 엄마처럼 하는 거라고 보여 주려고요. 그랬더니 보고 쉽게 따라 했어요.

사례 5 저는 못했어요. 아이가 잠시도 가만히 앉아 있지 못해서. 그리고 아이하고 실랑이 하다가 지쳤어요. 아이가 자꾸 움직여서 다시 시작하자고 몇 번 반복했더니 화를 내면서 안 한다고 하더라고요.

ꆜ 처음엔 조금 움직이더라도 어머님 재량으로 봐 주셔도 됩니다. 점차 움직이지 않도록 하면 됩니다. 아이와 실랑이 하셨다니 아이가 명상하기를 놀

이로 생각하지 않을 수 있겠네요. 이번에는 재미있는 '멈춰라' 놀이처럼 소개해 보세요. 앞서 나누어 주신 어머님의 경험대로 어머님이 먼저 실행을 하시면서 아이가 따라 하도록 해 보세요.

사례 6 저희 아이는 제가 명상하기 잘했다고 칭찬을 많이 해 주니까 자꾸 하겠대요. 그래서 하루 3번도 하고 어떤 날은 5번도 했어요. 그래서 일주일 동안 정말 많이 했답니다. 제 기분인지 모르겠는데요, 일주일 만에 아이가 좀 차분해진 느낌이 들어요. 평소 우리 아이는 정말 많이 산만하거든요. 그런데 요즘은 가끔씩 차분한 분위기가 느껴져요. 제가 아이한테 말할 때 아이는 언제나 다른 일을 하거나 한눈을 파는데, 요즘은 제가 이야기할 때 잘 듣고 있는 경우도 생겼어요.

명상하기 놀이로 인해 스스로를 통제하는 기술을 점차 갖추게 되어서 그럴 수도 있고, 어머님이 아이와 놀이해 주시는 시간을 통해 아이가 내면에 있는 다양한 감정들을 표현하고 발산함으로써 안정감을 찾았을 수도 있습니다.

사례 7 우리 아이는 처음보다는 많이 좋아졌지만 여전히 움직여요. 그래도 엄마가 명상하기 하자고 하면 거부하지 않고 잘한답니다. 제 생각에는 제가 명상하기 한 후에 잘했다고 상으로 아이가 좋아하는 간식을 주어서인 것 같아요.

잘했다고 상으로 주는 분위기가 긍정적으로 아이를 격려하는 것이라면 간식을 이용하셔도 됩니다.

사례 8 저희도 그렇게 했는데, 그랬더니 우리 아이가 어제는 장을 보다가 자기가 좋아하는 아이스크림이 먹고 싶다며 명상하기를 하겠다고 하더라고요. 그래서 난처했어요.

아이 입장에서 그럴 수 있습니다. 명상하기를 잘해서 아이스크림을 먹는 것이었는데, 반복하다 보니 아이스크림을 먹고 싶으면 명상하기를 하는 것으로 바뀐 것이지요. 이런 경우에는 아이에게 명상하기는 엄마가 지정한 시간에 지정한 장소에서 하는 놀이라고 설명하시고, 가능한 한 규칙적으로 매일 비슷한 시간대에 실행하도록 하세요.

'자녀 놀이에 동참하기' 점검하기

지난 회기에 자녀와의 관계 맺기에 대한 개념을 나누었고, 부모들이 이 개념을 염두에 두고 자녀와 놀이하기를 실행해 보도록 했다. 그동안 자녀와의 놀이시간이 처음 했을 때와 비교해서 무엇이 달라졌는지, 또는 자녀와 놀이하면서 어떤 것을 느꼈는지 등을 나눈다.

사례 1 아이가 엄마와의 놀이시간을 너무 기다려요. 아이와 놀이 시작하고 난 후부터 아이의 얼굴 표정이 밝아진 것이 느껴져요. 아이가 많이 웃더라고요. 하지만 저는 아직도 아이와 놀이하는 것이 힘들어요. 아이가 시키는 대로 하는 것도 많이 어색하고요.

아이와 놀이하실 때 편안하게 하세요. 아이가 원하는 대로 모두 해 주실 필요도 없고요. 엄마도 아이와 함께 노는 사람 중의 한 명의 입장으로 놀이하세요.

사례 2 처음에는 안 그랬는데 요즘 제가 작은아이와 놀이하면 밖에서 큰아이가 난리가 나요. 도대체 그 방 안에서 무엇을 하는 것이냐고요. 문을 열고 하라고 하는데, 문을 열면 큰아이가 들어와서 함께 하니까 문을 닫을 수밖에 없어요. 그러면 밖에서 또 난리예요, 문 열라고요. 이러다가 큰아이가 나빠질까 봐 걱정이 되요.

당연히 아이가 둘이면 이런 상황이 됩니다. 작은아이와 놀이시간을 가지시고, 다른 시간대를 정해서 큰아이하고도 놀이시간을 가지시는 것이 좋습니다. 한 아이와의 놀이시간이 되면 다른 한 아이는 자신의 시간을 기대하며 기다릴 수 있습니다.

사례3 제가 생각하기에 처음보다는 아이와 잘 놀이하는 것 같아요. 그리고 아이도 이젠 흥분하지 않고 차분히 놀이하더라고요. 처음에는 너무 흥분해서 제대로 하지도 못하고 어떤 놀이를 할까만 고민하다가 끝난 것 같아요. 지금은 꽤 아이 입장에서 놀이하고 있는 것 같아요.

사례4 저는 이제 아이가 말하지 않아도 무엇을 원하는지 알 거 같아요. 아이가 원하는 것이 있을 때 하는 행동이 원하는 것과 다르게 말하거나 그것을 바라보더라고요. 예를 들어, 주사위 놀이가 하고 싶으면 "엄마가 주사위를 좋아하면 주사위 놀이를 하든지……."라고 이야기해요. 그러면 저는 아이가 원하는 놀이를 하라고 하지요. 그러면 아이는 다른 놀이를 선택하고선 계속 주사위를 바라보더라고요. 그래서 제가 지난번부터는 아이가 그렇게 말하면 바로 "그래, 주사위 놀이 하자."라고 하면서 그 놀이를 시작했어요. 그랬더니 무지 좋아하더라고요.

사례5 아이와의 놀이시간 지키기가 생각보다 쉽지 않더라고요. 특히 토요일이나 일요일은 더 지키기 힘들어서 자꾸 어기게 되니까 아이가 짜증내기도 하고, 저는 아이에게 너무 미안해요. 놀이시간을 바꾸어야 할 것 같아요.

항상 지킬 수 있는 약속 시간대로 바꾸세요. 아이가 기대했다가 실망하는 것은 별로 좋은 경험이 아닙니다. 반드시 지킬 수 있는 시간대로 하십시오.

사례6 우리 아이는 놀이라고 하면서 은근슬쩍 저를 때리는 것 같아요. 남자아이라서 그런지 매번 공격하고 싸우는 놀이를 하는데, 가짜로 싸우는 놀이라고 하면서도 저를 발이나 주먹으로 한 대씩 치는데 무척 아프더라고요. 그래서 때리면 안 된다고 했더니, 모르고 그랬다고 하면서도 계속 한 번씩은 때리는 것 같아요.

앞에서 놀이하기 규칙을 소개할 때 강조했듯이, 가짜로라도 때리는 것은 안 됩니다. 실수로 가끔 한 번 정도 때린 경우는 '진짜로 때리면 안 된다'고 경고하시고 놀이를 진행하시면 됩니다. 그러나 이번 경우처럼 어머님 생각에 의도적으로 공격하는 것 같다면 그 행동을 한 즉시 놀이를 중단하십시오. 단, 놀이를 시작하기 전에 절대 공격해서는 안 되고, 만약 누군가를 때리는 등의 공격적인 행동을 하면 즉시 놀이를 중단할 것이라고 미리 이야기해 주세요. 놀이를 하다가 아이가 공격적인 행동을 하면 즉시 놀이를 중단하십시오.

자녀 놀이에 동참하기에 도움이 되는 Tip

첫째, 자녀와의 놀이시간을 방해할 수 있는 모든 요소들을 사전에 예방한다. 자녀와의 놀이시간 시작 전에 "방해하지 마세요."라는 팻말을 놀이 장소 문 앞에 걸어 놓고 시작하도록 한다. 즉, 다른 사람들의 방해를 사전에 방지하기 위해 방문 앞에 팻말도 걸고 전화기도 꺼 놓고 인터폰이나 현관 벨이 울리면 다른 가족이 반응하도록 부탁해 놓고 자녀와 놀이를 시작하도록 한다. 놀이 시작 전에 놀이를 방해하는 모든 것들에 대해 미리 준비하는 과정에서 다른 가족들과 분리된 공간에서 놀이를 시작하고 그 공간에서 그 시간만큼은 해당 자녀에게 부모가 온전히 집중한다는 의미가 전달된다. 또한 사전에 이러한 준비로 인해 그 시간만큼은 온전히 부모가 그 자녀에게 몰입하게 된다. 자녀가 온전히 부모의 집중과 사랑을 받고 있다는 것을 경험하게 되면 자신이 부모에게 얼마나 소중한 존재인지를 깨닫게 되어 부모를 더욱 신뢰하면서 부모와의 친밀감을 높이게 된다. 또한 부모도 온전히 그 자녀에게만 몰입하게 되므로 일상생활에서 발견하지 못했던 자녀의 특성이나 기질을 발견하게 되고, 자녀와의 친밀한 관계의 질을 높이게 된다.

둘째, 자녀와의 놀이시간에 그동안 깨닫게 된 양육의 주요 개념들을 충분히 활용하도록 노력한다. 자녀의 관점에서 바라보기, 자녀의 감정이 무엇인지 알아보고 자녀의 감정과 생각을 반영해 주기 등을 실행해 본다. 그 자녀에게만 몰입하는 시간이므로 개념으로 정리된 양육 태도나 기술 등이 더 효과적으로 실행되고 연습될 수 있다.

셋째, 다음 놀이시간에 대한 예약 카드를 만들어서 자녀에게 주도록 한다. 놀이시간이 마무리된 다음 놀이시간은 언제인지, 혹은 자녀가 다음에 부모와 하고 싶은 놀이가 있거나 다음에 자녀와 하기로 한 놀이가 있다면 '예약 카드'에 기록해서 자녀에게 제시하도록 한다. 예약 카드를 보면서 자녀는 다음 부모와의 놀이시간을 기대하게 되고 그 시간을 부모가 얼마나 소중히 여기며 준비하는지, 그리고 약속을 지키기 위해 노력하는 부모를 확인하게 된다. 이런 부모의 모습을 통해 자녀 또한 부모와의 놀이시간을 소중히 생각하고 그 시간에 부모로부터 받는 집중적인 관심과 배려의 가치를 아주 높게 인식하게 된다. 이로 인해 자녀가 혹시 그동안 부모를 신뢰하지 못했거나 부모의 사랑과 배려가 부족하다고 인식했더라도 점차 부모에 대한 신뢰와 부모의 사랑을 더욱 강건히 확립하게 된다.

③ 중심 개념: 훈육의 기술

훈육의 목적

훈육의 목적은 자녀가 자신의 행동이 잘못되었다는 것을 깨닫게 하고 바람직한 행동이 무엇인지를 알도록 안내하는 일이다. 여기서 '깨닫게 하고' '알도록 하는' 일이라는 부분에 중점을 두기 바란다. 훈육은 자녀가 '알도록' 혹은 '깨닫도록' 하는 일이다. 따라서 자녀가 자신의 행동 중 무엇이 잘못되었고 바람직한 행동이 무엇인지 안다면 훈육의 목적은 달성된 것이다.

그런데 부모들은 자녀가 알게 되면 즉시 올바른 행동만 실행할 것이라고 예상하고 이를 훈육의 목표로 삼기 때문에 올바른 행동을 아는 것보다는 '올바른 행동을 실행하는 것'에 중점을 둔다. 그래서 올바른 행동을 실행했는지 실행하지 않았는지를 훈육하기 때문에 아이가 스스로 깨달았는가를 놓치는 경우가 많다. 그리고 자녀가 올바른 행동이 무엇인지 알면서도 다시 잘못된 행동을 했을 때는 자녀의 훈육이 실패했다고 생각하여 좀 더 강도 높은 훈육을 시도하기도 한다. 하지만 일반적으로 사람들은 자신이 알고 있는 대로 실행하지 못하는 경우가 종종 있다. 부모 자신도 종종 올바른 것이 무엇인지 알면서도 어떠한 상황 때문에 혹은 게을러서 실행하지 못하는 경우가 있다. 자녀들도 무엇이 올바른지 알지만 실행하지 못하는 경우도 있는 것이다. 따라서 잘못된 행동을 했을 경우 올바른 것에 대해 자녀가 분명히 아는지 확인하고 그것을 스스로 깨닫게 하는 것이 우선되어야 하며, 올바른 것을 지켜 실행하는 것은 그다음에 자녀에게 기대해야 하는 것이다.

사실 사람들은 아는 것과 실행하는 것의 차이를 쉽게 간과한다. 그러나 일상생활에서 우리의 삶을 자세히 살펴보면 자신이 알고 있는 대로 실행하는 것이 과연 몇 가지나 될까? 아마 절반도 지키지 못한 채 생활하고 있을 것이다. 따라서 올바른 것을 스스로 깨닫는 것과 그것을 지키는 것을 나누어서 양육에 적용해야 한다. 훈육이란 먼저 자녀가 스스로 올바른 것을 깨닫도록 하는 것에 목표를 두는 것이다. 올바른 것에 대해 자녀가 진심으로 동의하고 자신의 행동의 잘못된 점을 스스로 발견해야만 자녀는 기꺼이 올바른 행동을 하고자 하는 동기를 갖게 된다. 그리고 스스로 올바른 행동을 하고자 하는 동기를 가져야만 언제 어느 상황에서든지 올바른 행동을 실행하려고 노력할 수 있다. 반면에 자녀가 스스로 깨닫거나 동의하지 못한 올바른 행동을 부모가 강요한다면, 자녀는 스스로 지키고자 하는 동기가 없기 때문에 올바른 행동을 스스로 실행하지 않는다.

따라서 자녀에게 훈육을 한다는 것은 자녀가 그 행동이 올바르지 않다는 것을 스스로 깨닫도록 하고, 올바른 행동이 무엇인지 알고 실행하고자 하는 마음을 갖도록 하는 것이다.

아울러 자녀가 항상 올바른 행동을 실행하는 것은 자녀가 성숙되면서, 자녀가 올바른 행동의 가치를 경험하면서 점차 실행력이 높아질 것이라고 믿는 부모의 믿음에서 시작된다.

훈육의 과정(단계)

자녀에게 훈육하는 과정은 다음과 같이 진행하는 것이 효과적이다.

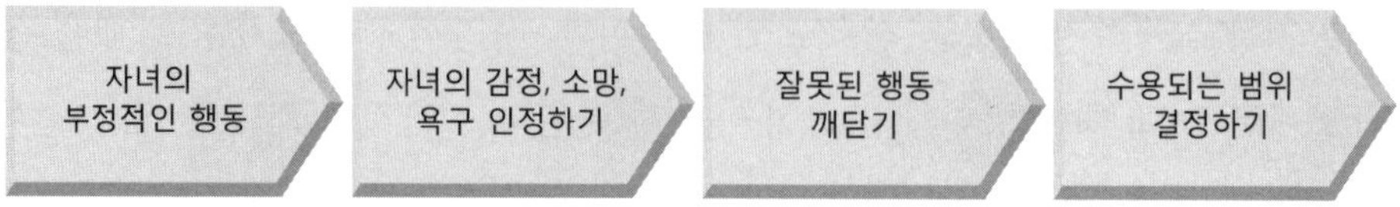

자녀의 부정적인 행동이나 잘못을 발견하면 부모는 자동적으로 그것을 분석하고 판단한다. 그러나 거기서 부모의 생각은 멈추어야 한다. 그리고 자녀가 왜 그런 행동을 했는지, 왜 그런 일이 일어났는지 자녀의 관점에서 알아보아야 한다. 부모의 생각은 모두 내려놓고!

그 과정에서 자녀의 감정, 소망, 욕구를 있는 그대로 먼저 인정해 주어야 한다. 설령 자녀가 이유 없이 동생이 밉고 때리고 싶었다는 말을 하더라도 동생이 미웠던 자녀의 마음을 인정해 주어야 한다. 이와 같이 잘못된 자녀의 감정이나 생각이라도 인정해 주면 자녀는 마음의 안정을 되찾게 되어 그 상황을 다시 객관적으로 바라볼 수 있는 준비가 된다.

그다음 단계로 부모는 자녀 스스로 잘못된 행동을 찾아내고 왜 그 행동이나 그런 일이 잘못인지를 깨닫도록 안내하고 격려해야 한다. 자녀가 잘못 알고 있는 기준이나 지식은 바로잡아 주고, 자녀가 발견하지 못한 잘못이나 실수는 함께 찾아주어야 한다. 그 과정에서 부모는 자녀가 스스로 자신의 행동을 돌아보고 그에 대한 후회를 하도록 격려하고 기다려 주어야 한다. 절대로 자녀의 잘못을 자녀가 받아들이도록 윽박지르지 말고 말이다.

간단한 잘못이나 실수 또는 이전에 이미 했던 잘못인 경우에는 무엇이 잘못인지 깨달으면 실수하지 않을 수 있는 범위를 자녀 스스로 알게 된다. 하지만 새로운 상황이거나 자녀가 이기적으로 자신의 욕심만을 채우려고 한다면 부모가 자녀에게 수용되는 범위를 알려 주어야 한다. 혹은 자녀와 함께 수용되는 범위를 의논해서 결정하여 바람직한 행동을 할 수 있도록 격려해야 한다.

예를 들어 설명하면 다음과 같다. 내면에 분노가 유난히 많은 6세의 A라는 아이는 자신이 원하는 것을 금지하면 분노를 참지 못하는 특성이 자주 나타난다. 어느 날 엄마와 버스를 타러 걸어가다가 붕어빵과 과자 등을 파는 노점상 앞을 지나가게 되었다. 아이는 엄마에게 초코 붕어빵을 사 달라고 요구했고, 엄마는 초코 붕어빵을 사려고 노점상으로 아이와 들어갔다. 그런데 초코 붕어빵은 지금 없고 팥 붕어빵뿐이란다. 그래서 엄마는 아이에게 초코는 없으니 다른 것을 고르라고 했는데, 자신이 원하는 것이 없다는 소리에 갑자기 화가 난 아이가 진열대 위에 있는 과자, 음료수, 이미 구워진 붕어빵 등을 손으로 마구 흩뜨리며 분노를 표출했다. 순식간에 일어난 일이라 엄마와 가게 주인은 망연자실했다. 너무 놀란 엄마는 아이를 크게 야단쳤고, 아이는 큰 소리로 울기 시작했다. 엄마는 가게 주인에게 죄송하다고 하고 모든 물건 값을 변상해 드리면서 아이의 존재 자체를 무시했다. 마치 거기 아이가 없는 것처럼 행동했다. 아마도 아이에게 화가 많이 났기 때문일 것이다. 하지만 이런 엄마의 행동은 아이가 저지른 사고는 수습할 수 있지만 아이를 훈육하지는 못한다.

훈육의 절차에 따라서 이 문제를 해결해 보면, 먼저 엄마는 아이가 물건을 망가뜨리는 행동을 바로 금지해야 한다. 엄마의 두 손 또는 온몸으로 아이가 하는 행동을 못하도록 막아야 한다. 가게 주인에게 죄송하다고 사과한 후에는 아이와 마주 서야 한다. 그리고 아이에게 왜 그랬는지 아이의 생각을 말하도록 하거나 아이의 생각과 감정을 알아주어야 한다. 아마도 아이는 자신이 원하는 초코 붕어빵이 없어서 속상해서 그랬다고 대답하거나 표정으로 자신의 마음을 엄마에게 전달할 것이다. 그러면 엄마는 우선 아이의 속상한 마음을 인정해 주어야 한다. 그래야만 아이는 자신의 속상한 마음이 엄마에게 공감되었으므로 마음의 안정을 찾고, 초코 붕어빵이 없는 것으로 인한 분노의 크기는 작아지는 것이다. 아이는 분노가 잦아들면 지금 상황을 객관적으로 볼 수 있는 마음의 준비가 된다.

이때 엄마는 아이에게 잘못된 행동을 찾아보도록 하기 위해 초코 붕어빵이 없어서 화가 난 것은 알겠지만 화가 났다고 물건들을 망가뜨리는 행동에 대해서 생각해 보라고 한다. 여기서 아이가 스스로 자신의 잘못된 행동을 깨닫고 인식하는 것이 중요하다. 자신의 행동으로 인해 무엇이 파손되었고 누가 피해를 입었는지 등에 대해서 정확히 알 필요가 있다.

아이가 자신의 잘못을 인식했다면, 그다음에는 아이가 화가 났을 때 자신의 분노를 어떻게 표현하는 것이 좋은 방법인지 아이와 함께 찾아보도록 한다. 아마 이 정도의 분노를 순간적으로 느끼는 아이라면 단순히 "나 화났어!" "속상해!"라고 말만 하는 것으로는 해결되지 않을 것이다. 좀 더 신체적으로 과격한 행동으로 분노를 표현해야만 해결될 수 있을 것이다. 따라서 엄마는 다른 사람에게 피해를 주지 않으면서 자녀가 자신의 분노를 표현하고 해결할 수 있는 방법들을 아이와 함께 이야기 나누며 아이가 가장 동의하는 방법으로 결정해 주어야 한다.

이런 과정을 통해 아이는 자신의 잘못을 분명히 인식하게 되고, 더 나아가서는 바람직한 방법이나 행동에 대한 지식이 쌓이게 되는 것이다.

④ 활동: 부모-자녀 놀이 – [색종이 접기]

부모와 자녀에게 색종이와 가위를 나누어 준다. 부모와 자녀는 등을 돌리고 앉아 서로의 색종이를 보지 못하게 한다. 자녀가 먼저 자신의 색종이를 접으면서 엄마에게 어떻게 접고 있는지 말로 이야기해 주도록 한다. 엄마는 자녀의 말만 듣고 자녀의 지시에 따라 색종이를 접거나, 자녀의 지시대로 가위로 오릴 수 있다. 엄마가 자녀의 말에 귀 기울여 자녀가 접은 색종이와 똑같은 모양으로 접었는지 확인하는 놀이다. 자녀가 설명하는 과정에서 자녀의 말에 엄마가 귀 기울이지 않으면 잘 이해하지 못해서 자녀와 엄마가 논쟁하기 쉽다. 이 논쟁이 심각해져서 갈등 상황이 발생하면 엄마의 훈육기술을 적용해 보도록 한다.

색종이 접기를 끝내고 엄마와 자녀의 종이 모양을 비교해 보면 대부분 다르게 접는다. 그만큼 엄마가 자녀의 말에 귀 기울이고 자녀의 말을 정확히 이해하기 쉽지 않음을 공감하게 된다. 다만 자녀와 공감하기를 잘하는 엄마는 자녀의 지시사항을 잘 이해해서 자녀의 종이와 가장 유사할 것이다.

반면에 의사소통이 잘 안 되는 엄마와 자녀는 결국 한 명이 화를 내거나 자녀가 자신의 모양과 전혀 다르게 접은 엄마의 색종이 때문에 울음을 터뜨리기도 한다. 이런 상황이 발생하면 엄마가 훈육의 원리에 따라 자녀의 울음과 분노를 해결해 보도록 한다. 엄마가 자녀의 행동을 잘 훈육하고 난 후에 다른 엄마들과 함께 그 상황에서 잘 발휘되었던 훈육기술을 칭찬하고 격려하도록 한다. 반드시 잘했던 점을 칭찬하고 격려하면서 다른 엄마들이 배우거나 따라 하고 싶은 특성을 나누도록 한다. 엄마들의 양육 기술이나 태도를 증진시키기 위해서는 잘하는 부분을 칭찬하고 격려하면 자신감이 증진되어 그동안 자신 없었던 부분도 좋아지는 경우가 많으니 잘하는 점, 긍정적인 측면을 강조해 준다.

그다음에 다른 엄마들은 자신과 자신의 자녀의 경우라면 어떤 방법으로 접근했을지를 나누며 간접적으로 훈육기술 연습을 해 본다.

부모와 자녀가 접은 색종이를 각 쌍으로 잘 보관해 두고, 이 프로그램을 마친 이후에 다시 동일한 활동을 해서 그때는 부모와 자녀의 색종이 접기가 얼마나 비슷하게 되었는지, 그리고 그 과정에서 엄마와 자녀가 지난번보다 얼마나 의사소통을 잘했는지를 비교해 보면 흥미롭다. 이와 같이 눈에 보이는 활동의 결과를 통해 부모와 자녀의 관계가 친밀해졌음을 확인할 수 있기 때문에 각 부모와 자녀는 스스로를 자랑스러워하며 더욱 친밀해질 수 있는 기회가 된다.

⑤ 양육 워크북: 부모 휴식 계획하기

4회기의 양육 워크북 주제는 '부모 휴식 계획하기'다.

자녀를 양육한다는 것은 정신적 · 육체적으로 많은 에너지를 소모하는 일이다. 또한 자녀를 양육할 때 가장 주의할 점은 부모의 개인적인 스트레스로 인해 자녀에게 부정적인 태도로 양육하거나 부모 역할을 하게 되는 것이다. 이러한 것은 최대한 방지해야 한다. 이를 위해 부모는 정기적으로 자신만의 휴식을 가져야 한다. 휴식을 통해 부모 자신이 안정감을 취하고 스트레스가 없도록 해야만 자녀를 감정적으로 대하지 않게 된다.

첫째, 부모는 자신에게 가장 즐겁고 행복했던 일, 가장 기분 좋았던 상황들을 모두 기록한다. 생각이 나는 한 최대한 많은 경우를 적도록 한다.

둘째, 자신을 가장 기분 좋게 해 주는 일들 중에서 현실적으로 실행 가능한 일을 고르도록 한다. 그리고 각 활동을 일주일 중 어떤 요일과 시간에 할 수 있는지, 그리고 그 일을 위해서 가족의 도움이 필요하다면 누구의 어떤 도움이 필요한지 메모하도록 한다.

셋째, 위에서 분석한 내용을 검토한 후 현재 자신의 상황에서 가장 실행력이 높은 것으로 결정하여 부모의 휴식 취하기 방법으로 결정한다. 그리고 결정한 휴식 계획을 부모 워크북에 제시된 활동지에 정리하고, 휴식을 시작하는 시기도 정하며 이를 실행하겠다는 서약서도 작성하고 휴식 실행기록을 정리해서 반드시 실행하는 것이 중요하다. 이후 모임에서 안내자는 부모가 정기적인 휴식 취하기를 실행한 후와 실행 전의 양육 스트레스에서 변화가 있는지를 나누어 보게 한다.

부모가 자녀를 키우는 과정은 많은 걸림돌들을 만나는 일이다. 그 걸림돌이 생길 때마다 부모들은 누군가로부터 격려를 받아야 한다. 그러므로 부모 역할을 지지하고 격려해 주는 친구집단을 만들고, 친구들과 자주 만나서 경험을 나누며 서로 위로하고 지지해 주는 것은 많은 도움이 된다. 단, 서로의 장점을 격려하고 지지해 주며 속상한 일이나 고민은 공감하면서 들어주려고 노력하되, 그에 대한 조언을 하지 않도록 주의한다. 부모 역할은 남의 조언을 듣기보다는 스스로 경험하고 깨달아 가는 과정이기 때문이다.

⑥ 과제

- 오늘 정리한 훈육 개념에 따라 가정에서 자녀를 훈육할 일이 생겼을 때 자녀를 훈육해 보고 어떤 상황이었는지를 기록하거나 정리해 오도록 한다.
- 자녀와 함께 놀이하기 활동을 하면서 훈육하기를 적용한 경우가 있었는지,

있었다면 어떤 상황이었고 그것을 어떤 방법으로 해결했는지를 정리해 오도록 한다.

- 규칙적으로 실행하고 있는 자녀 명상하기 기록표를 가져 오도록 한다.
- 부모의 휴식 계획서와 서약서를 정리해 오도록 한다.
- 친구집단이 있는지, 있다면 어떤 모임이고 정기적인 모임인지 정리해 오도록 한다.

양육 워크북

4회기: 부모 휴식 계획하기

대체로 부모와 애착을 형성하지 못한 아이는 부모를 정서적 · 육체적으로 거부하거나 수용하지 않으며 공격하기 때문에 부모들은 쉽게 지치거나 좌절하는 경우가 많습니다.

부모와 애착을 형성하지 못했거나 애착에 문제가 있는 아이는 부모와 안정적으로 애착을 형성한 아이와 다른 방식으로 세상에 대응합니다. 즉, 안정적으로 애착을 형성한 아이는 자기 애착을 형성하면서 자기 통제력을 배웠기 때문에 자신의 생활 속에서 선택권을 가질 수 있고, 자신의 실수를 어떻게 처리하고 책임져야 하는지 알기 때문에 실수를 통해 새로운 방법을 배울 수 있습니다.

그러나 애착에 문제가 있는 아이들은 자기 통제력을 가지고 있지 않아서 자신이나 타인에게 아주 괴로운 선택을 하곤 합니다. 마치 남을 괴롭히는 것을 즐기는 것처럼. 이것은 애착을 형성하지 못한 아이가 '못되고 악한 성향'이 있어서가 아니라 '책임지는 선택권'이 무엇인지 모르기 때문입니다. 애착에 문제가 있는 아이를 양육하는 것은 아이의 이런 특성 때문에 안정 애착을 형성한 아이를 양육하는 것보다 더 많은 정신적 · 육체적 에너지를 소모할 수밖에 없습니다.

따라서 부모들이 적절히 쉬지 않는다면 부모 자신들도 불안정감에 쉽게 휘말리게 되어 정신적 건강을 해칠 수 있습니다. 그러므로 반드시 부모님 자신의 휴식을 위한 계획과 시간을 수립하고 반드시 실천하십시오.

활동지 1: 휴식 계획 세우기

1 부모님에게 제일 행복하고 기분 좋은 일은 무엇인지 생각해 보세요. 가능한 한 많이 생각해서 그 목록을 작성하세요.

㉮ 문화센터에서 노래 배우기 / 수영하기 / 영화 보기 / 맛있는 것 사먹기 / 등산하기 / 낮잠 자기/ 찜질방 가기 / 마사지 받기 / 퀼트 하기 / 사진 찍기 / 책 보기 / 고궁 가기 / 친구와 수다 떨기 / 만 원 내에서 자신에게 선물하기

☺ 나를 가장 기분 좋게 하는 일들

①

②

③

④

⑤

2 가장 기분 좋게 하는 일들 목록 중에서 현실적으로 실행 가능한 일을 선택하고, 이를 실행하기 위한 시간과 상황을 계획하세요.

☺ 실행할 수 있는 시간 결정하기

- 일주일에 몇 회 할 것인가?
- 실행하는 시간은 _____요일 _____시 ~ _____시다.
- 나는 _____월 _____일부터 시작할 것이다.

☺ 실행할 수 있는 상황 결정하기

- 장소는?
- 비용은?
- 아이 돌보기가 필요한가?
- 함께 할 상대가 필요한가? 필요하다면 누구로 결정할 것인가?

활동지 2: 나에게 휴식 주기 서약서

서 약 서

○○의 엄마인 ________는 ○○를 건강하기 키우기 위해 최선의 노력을 하느라 수고하였고 훌륭히 엄마 역할을 다하고 있으므로 이에 대한 포상으로 _________에게 다음과 같은 휴식을 주기로 약속한다.

1. 휴식내용

   일주일 1번씩 ______ 혼자만 4시간 동안 외출하기

2. 휴식방법

   일주일 중 _____요일 ______시부터 ______시까지 아이와 집안일은 아빠가 책임지고 관리하도록 한다.

3. 휴식 주기를 지키지 않았을 때의 벌칙

   만약 이를 지키지 않았을 경우 아빠가 가장 좋아하는 음식을 만들어서 극진히 아빠를 대접하도록 한다.

________는 위의 내용을 엄격히 준수할 것을 맹세합니다.

_______년 _____월 _____일 이름________ 서명_________

활동지 3: 휴식방법 하나 더 – 친구 만들기

아이 양육에 대한 이야기를 나눌 수 있는 친구들을 만드세요.

애착에 문제가 있거나 양육이 힘든 부모들과 서로의 경험과 힘든 상황 등을 나누고 서로를 격려하는 것은 좋은 방법입니다. 유사한 경험을 하면서 함께 의견을 교환하며 좌절하거나 지친 마음을 풀 수 있고, 부모님보다 먼저 이런 양육 경험을 한 사람들이 주는 정보를 토대로 가능한 한 실수를 줄일 수 있기 때문입니다.

☺ 아이 문제로 이야기하고 위로 받을 수 있는 친구(집단) 명단

번호	이름(모임 이름)	전화번호	정기적으로 만나거나 연락하는 주기
1	예) 유치원 친구 모임. 4명	○○○–○○○–○○○○	한 달 한 번
2			
3			
4			
5			

5) 5회기: 일상생활 지도

(1) 운영 개요

① 목표

- 지난주 과제 점검을 통해 각자의 경험을 나눈다.
- 자녀의 일상생활 지도 지침을 살펴보고 이 과정에서 부모의 권위를 확립한다.
- 자녀의 일상생활 지도 중에 규칙 위반 시 훈육의 기술 활용을 복습한다.
- 샌드위치 포옹법을 연습하고 그 효과를 경험한다.

② 준비내용

- 컴퓨터, 빔프로젝터, 이름표, 종이, 연필
- 간단한 다과 및 차
- 모든 구성원이 가능한 한 둥글게 앉도록 한다.

③ 진행방법

- 맞이하기
- 과제 점검
- 중심 개념 안내: 일상생활 지도
- 활동: 부모-자녀 놀이 – [짝짓기 게임 + 샌드위치 포옹법]
- 양육 워크북: 일상생활 지도 – 식사 예절, 소비생활
- 과제 공지

(2) 5회 프로그램 진행

① 맞이하기

안내자는 도착하는 부모들과 아이들을 반갑게 맞이하고, 지난 한 주 동안 잘 지냈는지, 특별한 일은 없었는지 등을 확인한다. 특히 지난주의 과제 중 훈육의 기술 활용하기에 대한 경험을 나눈다. 각 부모들만의 특별한 방법이나 경험이 있었는지를 귀 기울여 듣고, 이후 훈육의 기술 복습에서 각 부모의 경험을 활용한다.

② 과제 점검

'명상하기 놀이' 점검하기

먼저 부모들이 자녀의 명상하기 놀이(얼음땡 놀이)를 잘 진행했는지 나눈다. 각 가정의 명상하기 기록표를 보면서 명상하기 놀이가 익숙해졌는지, 자녀들의 변화 등을 나눈다.

사례 1 우리 집은 지난주부터 모든 아이들이 명상하기를 해요. (웃음) 작은아이가 하는 것을 보고 큰아이가 뭐하는 거냐고 하더라고요. 그래서 "명상하기 놀이인데 움직이지 않고 저 자세로 앉아 있어야 하는 거야."라고 이야기해 주었어요. 그러면 마음이 건강해진다고요. 그러고 나서 제가 작은아이의 명상하기를 칭찬하는 것이 부러웠는지 자기도 하겠다고 하더라고요. 그래서 하라고 했지요. 그리고 너는 언니이니까 동생보다 1분 더 하자고 했더니 수긍하더라고요.

사례 2 지난번에 말씀 들은 대로 아이스크림 먹고 싶다고 명상하기를 하는 것이 아니라 엄마가 명상하기 시간이라고 하면 하는 것이라고 분명히 이야기해 주었거든요. 그런데 다른 날은 괜찮았는데, 아이랑 마트에 가서 장을 보는데 아이가 먹고 싶은 것이 생겼나 봐요. 제게 와서 지금 여기서 명상하기를 하면 하겠다고 하더라고요. 그래서 먹고 싶은 것이 있냐고 했더니 과자를 하나 가져왔어요. 그래서 아이에게 먹고 싶은 것이 있을 때마다 명상하기를 하는 것이 아니라 네가 명상하기를 잘해서 엄마가 상을 준 것이라고 이야기를 했죠. 그런데 아직도 우리 아이 마음속에서 먹고 싶은 것과 명상하기가 연결되어 있는 것 같아서 걱정이에요. 하지만 한편으로는 아이가 얼마나 과자가 먹고 싶었으면 그럴까 하는 마음이 들어서 "엄마가 그동안 우리 ㅇㅇ이가 엄마 말도 잘 듣고 약속도 잘 지켜서 오늘 특별히 사 주는 거야."라고 말하면서 사 주었어요.

처음에 먹고 싶었던 간식을 상으로 받은 것에 대한 기억이 강해서 이런 행동이 반복될 뿐입니다. 어머님이 지금처럼 계속 설명하시고 일관성 있게 행동하시면 곧 수정됩니다.
그리고 앞으로는 명상하기를 잘했을 때 보상으로 샌드위치 포옹법을 해 주세요. 엄마의 격려와 사랑이 듬뿍 전달되도록. 자녀의 명상하기에 대한 보상 개념을 바로잡는 데 도움이 될 것입니다.

사례 3 우리 집은 아이가 먼저 명상하기를 챙겨요. 일반적으로 저녁 먹고 나서 하도록 했는데, 제가 설거지하고 나서 깜빡하는 경우가 있거든요. 그러면 아이가 먼저 명상하기 해야 한다고 제게 핸드폰을 갖다주고(시간 확인하라고) 자신은 명상하기 하는 위치에 가서 앉는 거예요. 자기도 그것을 하면 마음이 편안해지는 것인지, 아니면 엄마에게 칭찬받고 싶어서 그런 것인지 모르겠지만. 제가 정말 많이 칭찬해 주거든요. 그래서 자랑스러워요!

어떤 이유에서든지 아이가 먼저 명상하기를 하겠다는 것은 정말 좋은 일입니다. 특히 어머님이 잘 지도하셨기 때문에 명상하기를 즐겁고 보람된 놀이로 생각하는 것입니다. 앞으로도 계속 격려해 주세요.

사례 4 명상하기를 하도 잘해서 저는 이번 주에 1분을 더 늘려 보았어요. 그런데 잘하더라고요. 그래서 앞으로는 4분을 하려고요. 4분도 괜찮은 것 같아요.

사례 5 저는 우리 아이한테 정말 미안했어요. 제가 깜박 잠이 들어서 15분을 앉혀 놓은 거예요. 그런데 우리 아이가 앉아 있더라고요. 깜짝 놀란 제가 "땡!" 하고 풀어 주니까 아이가 "엄마 이번에는 왜 이렇게 길었어?" 하더라고요. 그래서 제가 "네가 너무 잘해서 오늘은 조금 길게 해 봤는데 역시 잘하네!" 하면서 아이를 안아 주었답니다.

사례 6 저희 아이는 조금씩 나아지기는 하지만 아직도 조금씩 움직여요. 그런데 이번 목요일에는 아이가 명상하기를 하고 있는데 아빠가 퇴근해서 일찍 오신 거예요. 아빠를 보고 인사하고 싶어서 움직였지요. 그런데 아이가 바로 자신이 잘못한 것을 알더라고요. 저를 바라보더니, "엄마! 나 다시 해야지!" 하더라고요. 그래서 그러라고 했답니다. 명상하기 중에는 누가 부르거나 말을 시켜도 움직이거나 말하지 않기로 한 것을 기억하는 것이에요. 그런 아이가 얼마나 대견하던지……. 아빠는 아이한테 미안해서 어쩔 줄 모르고요. 아빠가 앞으로는 집에 들어오기 전에 문자한대요. 아이 명상하기 시간 피하려고요.

안타까워서 그냥 넘어가고 싶으셨겠지만 단호하게 규칙대로 다시 하도록 하신 것은 정말 잘하셨어요. 그리고 앞으로 아버님이 아이의 명상하기 시간을 종종 방해해도 된다고 하세요. 명상하기의 또 다른 목적은 주변의 어떤 소리나 자극에도 자신의 몸과 마음을 억제하는 연습을 하는 것이랍니다. 조용한 상황에서 자신을 통제하는 능력을 기른 후에는 주변의 어떠한 자극에도 흔들리지 않는 아이의 능력을 키워야 합니다. 따라서 아이가 명상하기 놀이를 할 때 가족들이 굳이 조용히 하지 않으셔도 됩니다. 일상생활을 편안하게 하도록 하십시오. 다만 일부러 아이를 놀리거나 자극하는 행동은 안 됩니다.

사례 7 저희 아이는 여전히 힘드네요. 아직도 잘 안 되는 것 같아요. 처음에는 3분 성공시키는 데 2시간은 걸린 것 같아요. 이제는 1~2번 다시 시작하면 3분을 하기는 해요. 하지만 여전히 한 번에 명상하기 실시가 안 되네요.

우와! 정말 많이 좋아졌네요. 처음에는 2시간 걸렸는데 이제는 한두 번만 다시 하면 되는 수준으로 발전하신 것입니다. 다른 아이들과 비교하지 마시고 어머님의 자녀가 처음보다 얼마나 좋아졌는지를 생각하고 칭찬해 주세요. 어머님의 자녀는 특히 가만히 있는 것이 어려웠던 아이이므로 다른 아이보다 더 힘들었을 것입니다. 그래도 이렇게 빨리 좋아진 것은 정말 대단한 것입니다.

'부모의 휴식 계획' 점검하기

다음으로 부모들이 자신을 위한 휴식시간을 계획해 보았는지, 어떤 것을 하기로 했는지 나누고, 서약서도 확인한다. 직장에 다니지 않는 엄마는 대부분 자녀가 교육기관에 간 시간을 활용하는 경우가 많다. 주로 운동(탁구, 에어로빅, 헬스 등)을 하기로 한 경우가 많다. 또는 등산을 좋아해서 등산 모임에 소속되어 있었는데, 그동안 자녀문제나 가정문제로 동참하지 못하다가 이번에 다시 정기적으로 모임에 나가 등산을 시작했더니 몸도 마음도 가뿐해져서 좋았다고 하는 경우도 있다. 직장에 다니거나 낮에 시간을 내기 어려운 엄마는 밤에 아빠가 돌아와서 아이들 잠자리 준비해 주고 자신은 혼자서 찜질방에 가서 책도 보고 쉬고 온 것이 의외로 좋았다고 하는 경우도 있다.

다만 아이들이 찜질방에 따라오겠다고 해서 아이들도 데려갈까 잠시 고민했는데 아이들을 데려가면 자신의 휴식이 아닌 것 같아서 이번에는 엄마만 갔다고 한다. 아이들을 떼어놓고 나서는 발걸음이 무거웠는데 혼자서 쉬고 오니까 혼자 가길 잘한 것 같은 생각이 들었다고 한다.

여기서 부모의 휴식은 자녀와 가정 일로부터 완전히 분리되는 것이다. 오로지 부모 자신만을 생각하면서 자신에게 휴식을 주고 자신이 하고 싶은 일을 1시간이라도 해 보는 것을 통해 스스로에게 안정감과 건강함을 제공하는 것이 중요한 목적이다.

반대로 자신에게 휴가를 주는 것이 마음뿐이고 실행하지 못한 부모도 있었다. 이런 경우에는 안내자가 부모가 주로 좋아하는 일들을 함께 찾아주도록 한다. 예를 들어, 운동은 별로 하고 싶지 않은데 건강을 생각하면 운동을 해야 할 것 같아서 운동을 찾고 있다고 한 경우에는 지금은 운동보다는 자신이 좋아하는 일을 해야 휴식이 됨을 강조해서 설명한다. 그리고 부모가 좋아할 만한 일들을 예를 들어준다. 마트나 백화점을 돌아다니면서 새로운 물건 구경하기, 영화 보기, 서점에서 책 보기, 혼자서 커피 마시기, 친구와 수다 떨기, 맛있는 것 먹으러 가기 등을 제시하면서 평소에 하고 나면 가장 기분 좋았던 일을 선택하도록 하고, 그것을 할 수 있는 정기적인 시간을 계획하도록 한다. 그리고 반드시 다음 주까지 실행하고 오도록 한다.

부모들은 모두 자신들을 위해 휴식을 계획한다는 것만으로도 기분이 좋아지고, 스스로를 존중받는다는 느낌을 갖게 된다. 또한 가정에서 당당하게 엄마, 아빠도 휴식이 필요하다고 주장할 수 있는 근거를 제시받아서 좋았다고 경험을 나누게 된다. 남편에게 당당하게 자신의 휴식을 주장할 수 있어서 좋았고, 남편도 그것이 도움이 된다면 기꺼이 협조해 준다고 해서 더 좋았다는 경험들이 많다. 그리고 각자의 계획대로 휴식을 한 날은 자녀나 가족들에게 훨씬 온정적으로 대하는 자신을 발견하게 된다.

'자녀 훈육하기' 점검하기

이번에는 지난 일주일 동안 자녀를 훈육했던 상황을 나눈다. 지난 훈육의 기술을 적용해서 어떤 문제를 훈육했는지 자세히 나누되, 다른 부모님들은 그러한 경험을 듣고 잘한 점과 칭찬받을 만한 점을 찾아서 격려하고 서로의 장점을 배우도록 한다.

사례 1 우리 아이는 늘 징징거려요. 그리고 매번 울어요. 마음대로 안 되도 울고, 기분 나빠도 울죠. 아이의 울음소리만 들으면 제가 가슴이 벌렁거려요. 언니가 자기를 놀렸다고 울고불고하는데 정말 미치는 줄 알았어요.

그래도 이번에는 아이에게 울지 말라고 소리 지르지 않고 언니가 어떻게 놀렸는지, 그래서 속상했는지 물었어요. 그랬더니 울면서 이야기해서 무슨 말인지 모르겠더라고요. 그래서 일단 아이를 안아 주면서 속상했구나 했지요. 그랬더니 울음소리는 좀 줄었는데 여전히 징징거리는 거예요. 아이가 제게 언니를 혼내 주라고 하더라고요. 그래서 그건 안 되고 네가 언니에게 하지 말라고 이야기하라고 했지요. 그랬더니 언니에게 말은 하더라고요. 그리고 울음이 그쳤고 언니랑 싸운 것에 대한 억울함은 해결됐지만 여전히 징징거려요. 징징거리는 건 어떻게 해결 안 될까요? 이젠 아이의 울음소리만 들으면 제가 미칠 것 같아요.

다른 엄마 언니와 싸우고 울기만 했던 행동은 잘 훈육한 것 같네요. 지금 나누어 주신 상황은 문제가 2개인 것 같아요. 언니와 싸우고 난 후의 행동과 울면서 자신의 생각을 말하는 행동. 하나만 훈육하신 것이고 울면서 이야기하는 것은 훈육하지 않으신 것이지요.

사례 1 엄마 그럼 제가 하나(징징거리는 것)를 훈육하지 않은 거네요. 다음에는 훈육해야겠어요.

사례 2 밥 먹을 때 계속 왔다 갔다 하거나 꼭 텔레비전을 보면서 먹는 거예요. 언제나 그래요. 제가 아무리 안 된다고 그래도 아이는 말을 안 들어요. 그래서 이번에는 밥을 먹든지 텔레비전을 보든지 하나만 고르라고 했어요. 텔레비전을 다 보고 나서 텔레비전을 끄고 오면 밥을 줄 거라고. 그리고 밥상을 치웠지요. 그랬더니 보던 만화를 다 보고 텔레비전을 끄고 왔어요. 텔레비전을 끄니까 제자리에 앉아서 밥을 먹더라고요.

다른 엄마 자녀에게 둘 중에 하나를 고르라고만 했는데 그렇게 행동을 해요? 아주 훌륭하네요!!

사례2 엄마 네, "너는 텔레비전을 보면서 밥을 먹고 싶구나." 하고 한마디 해 주었지요. 그랬더니 아이가 환하게 웃더라고요. 그런데 그 환한 얼굴을 보면서 "안 돼!"라고 말했지요. 밥은 제자리, 여기 식탁에서 먹어야 하니까 둘을 동시에 할 수 없다고요. 그랬더니 아이가 텔레비전 보던 것만 보고 먹겠다고 말하더라고요. 그래서 저도 조금 감동받았어요.

다른 엄마 어머님이 아이의 마음(텔레비전을 보면서 밥을 먹고 싶은 마음)을 인정해 준 것이 중요한 것 같아요.

사례2 엄마 그런 것 같아요. 평소 같으면 아마 난리가 났을 거예요. 씩씩거리고 화내고 소리 지르고 그랬겠죠. 그런데 이번에는 그런 행동을 안 하더라고요. 좀 신기했어요.

사례3 누나하고 계속 싸워요. 누나가 먼저 약올리고 괴롭히기는 하지만 그래도 ㅇㅇ도 똑같이 누나를 놀리고 때려요. 이번에도 둘이서 어찌나 싸우던지.

그래서 둘을 앉혀 놓고 각각 말하게 했어요. 왜 싸우게 됐는지. 그랬더니 한 아이가 말하면 다른 아이가 그에 대해 변명하고 그러면서 그 자리에서 또 싸우는 거예요. 그래서 결국 조용히 하라고 버럭 소리를 지르고 1명씩 엄마하고 이야기하는 거라고 하고 1명씩 이야기하도록 했지요. 그리고 각 아이의 이야기를 듣고 그 아이의 입장을 인정하고 수용해 주었어요. 억울했겠다고, 속상했겠다고. 그리고 앞으로 그렇게 속상하고 억울한 일이 생기면 어떻게 하면 좋을지 이야기해 보라고 했지요. 그랬더니 큰아이가 정답을 이야기하더라군요. 때리거나 놀리지 않고 말로 이야기하는 거라고. 그렇게 잘 아는 녀석이 왜 안 지키는지……. 그리고 제가 시키지도 않았는데 서로 사과를 했어요. 그래서 용서해 주었지요. 그런데 이렇게 버럭 소리를 지르고 공감해도 되는지 몰라요. 두 아이가 서로 이야기를 하니까 저도 모르게 버럭 소리를 질렀는데, 제가 소리를 지르는 통에 아이들이 긴장을 했어요. 엄마 눈치를 보더라고요. 그 상황에서 제가 각 아이의 입장을 공감했으니 그 공감이 전달되었을까 하는 걱정도 돼요.

다른 엄마 잘하셨어요!! 누구라도 그 상황이면 조용히 하라고 소리를 지를 거예요. 그리고 어머님의 버럭 소리에 그 상황에서 아이들이 정신차렸을 거예요. 아이들이 제정신을 차렸을 때 공감해 준 거니까 공감되었다고 생각해요. 공감됐어요!!

사례 4 숙제하고 놀기로 했는데 계속 놀기만 하는 거예요. 그래서 숙제하고 놀기로 하지 않았느냐고 했더니 오히려 화를 내지 뭐예요. 엄마는 만날 나만 보면 숙제 이야기 한다고. 평소 같았으면 엄마가 언제 그랬냐고, 다른 이야기도 많이 하는데 너는 꼭 엄마가 너한테 안 좋은 이야기한 것만 기억한다고 하며 아이랑 싸웠을 거예요. 이번에도 그러고 싶었는데 좀 참았지요. 그래서 먼저 아이가 계속 놀고만 싶어 한다는 마음을 인정해 주었어요. 그랬더니 아이가 저를 한 번 쳐다보더라고요. 아마 이거 엄마 진심일까 하는 생각을 했겠죠. 그러고 나서 선택하게 했어요. 지금 3시니까 몇 시까지 놀고 숙제를 할 것인지 결정하라고요. 제 눈치를 좀 보더니 4시까지 놀겠다고 하더군요. 그리고 제가 4시라고 하니까 숙제를 하더라고요. 신기했어요. 아주 많이!! 그래서 아이를 많이 칭찬해 주었어요. 거의 처음인 것 같아요. 숙제 실랑이를 이렇게 해결하기는.

사례 5 저는 아이가 꼭 밉게 말해서 미치겠어요. 예를 들면, "엄마, 이거 하고 싶어."라고 하면 될 것을 꼭 제게 "엄마는 이것 못하게 할 거지?"라고 하는 거예요. 그러면 허락하려던 마음까지 닫히는 거죠. 제가 평소에 아이한테 그렇게 금지하거나 못하게 한 것이 별로 없거든요. 그런데 우리 아이는 늘 제가 자기를 미워하거나 언니를 더 예뻐한다고 생각하고 말하는 거예요. 그래서 늘 아이에게 화를 내게 돼요. 그런데 이번에는 좀 바꿔 봤어요. 아이가 밉게 이야기하는데 그냥 좀 참고 "네가 그것이 하고 싶구나!"라고 했더니, "엄마, 알고 있었어? 내가 하고 싶어 하는 거?"라고 하더라고요. 아이는 내가 자기 마음을 모를 거라고 생각하고 있었나 봐요. 그래서 알고 있었다고 했지요. 그리고 해도 되는 일이라서 그냥 하라고 했어요. 그랬더니 너무 좋아했어요. 그래서 제가 아이에게 앞으로는 하고 싶은 일 있으면 엄마에게 하고 싶다고 말해 달라고 부탁했어요. 엄마가 못하게 할 거지라고 말하면 엄마가 많이 속상하다고. 그랬더니 아이가 눈을 동그랗게 뜨는 거예요. 제가 그 말을 싫어한다는 것을 모른 것 같아요. 알았다고 하더라고요. 앞으로 엄마가 싫어할 거지라는 말을 안 하겠다고. 그러고 보니 제가 그동안 별일 아닌 것 가지고 아이와 씨름했구나 싶어서 허탈하기도 했어요. 아이의 마음을 제가 많이 몰랐지만 아이도 내 마음을 몰랐구나 하고 깨닫게 되어서 다행이었어요.

③ 중심 개념: 일상생활 지도

3회기에 살펴본 중심 개념인 부모-자녀 애착관계의 질적인 수준이 아이의 행동과 삶에 많은 영향력을 미친다는 것을 기억할 것이다. 부모-자녀 애착의 질적 수준이 낮을수록 자녀는 자신을 통제하는 능력, 집중하는 능력이 부족한 경우가 많다. 자녀의 내면에 부정적인 감정이 많거나 혹은 부모와의 친밀감과 신뢰감이 부족하여 자신에 대한 확신이 부족하므로 자신을 통제하고 조절하는 능력이 부족한 것이다.

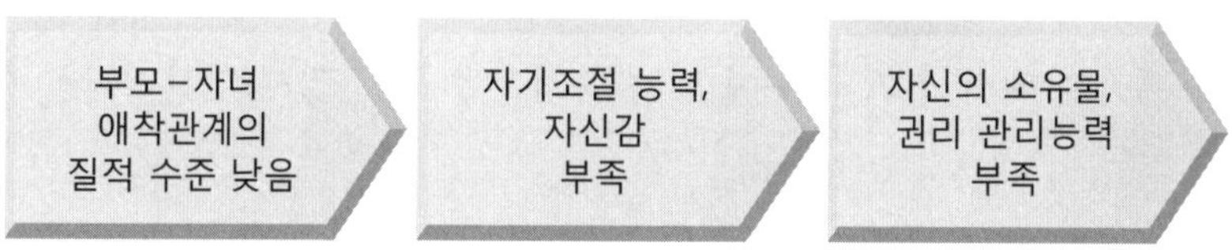

부모-자녀 애착관계에서 안정성이 낮은 경우, 일반적으로 어떤 한 물건에 대한 집착이 아주 심하고(일반적으로 건강한 아이도 성장하면서 일시적으로 특정 물건에 대한 집착이 강할 수 있다. 애착관계의 안정성이 낮은 경우의 집착은 이런 일반적인 발달 특성에 비해 아주 심각한 수준의 집착을 보이는 것이 다른 점이다), 음식을 필요 이상으로 많이 먹으면서도 언제나 부족해 한다. 다른 아이들에 비해 2~3배 이상 먹으면서도 늘 배고파하고 먹는 것에 비해서 비만은 아닌 경우가 종종 있다. 또한 평소에 잘 지키던 일상생활 규칙이나 안전 수칙을 손님이 오거나 외출한 상황에서는 일부러 지키지 않으려고 해서 부모를 곤란하게 만드는 경우가 종종 있다.

이런 일이 자주 발생하기 때문에 대부분의 부모들은 자녀의 마음을 추측하여 자녀에 대해 오해하거나 자녀에 대한 분노를 갖게 된다. 이로 인해 자녀에 대한 훈육을 감정적으로 하는 경우가 많다. 또는 반복되는 문제에 지친 부모들은 문제 상황을 못 본 척 무시하거나 방임하는 경우도 있는데, 그럴수록 자녀의 능력은 성장하지 않고 부모와 자녀의 관계는 더욱 나빠진다.

따라서 부모는 이런 자녀에게 규칙적이고 일관성 있는 기준에 따른 일상생활 지도를 통해 자녀 자신의 통제력을 보완해 주고 건강한 생활을 유지할 수 있도록 한다면 문제행동을 예방할 수 있을 것이다.

식사 예절

음식을 먹는 것은 단순히 '먹는 일'만 하는 것이 아니라 가족들이 먹으며 즐거움, 경험 등을 함께 나누는 것이다. 이런 의미에서 음식을 먹는 방법과 예절을 잘 정리하고 실행하는 일은 자녀가 가족 공동체에 대한 개념을 습득하도록 할 수 있을 뿐만 아니라 함께 나누며 먹는 즐거움을 통해 정서적 안정감을 형성하도록 할 수 있기 때문에 중요하다.

첫째, 식사는 가능한 한 인스턴트 식품보다는 간단하게라도 엄마가 직접 준비한 음식을 먹도록 하는 것이 좋다. 직접 조리하거나 음식을 준비하는 엄마의 모습을 보면서 아이는 엄마가 자신을 보살피고 있다는 것을 경험하고 확인하게 되기 때문이다. 또한 음식을 준비하는 엄마의 모습을 보면 음식에 대한 소중함과 감사함을 깨닫게 되기 때문이다. 따라서 음식을 사 왔다면 그것을 그릇에 담고 상을 차려서 정성껏 음식을 준비하는 모습을 아이에게 보여 주도록 하자.

둘째, 식사시간은 가능한 한 가족이 2명 이상 모여 먹는 것이 중요하다. 자녀 혼자 밥을 먹는 일은 되도록 하지 않도록 한다. 자녀와 가족 중 1명이 함께 앉아서 먹으면서 자녀에게 올바르게 먹는 방법, 맛있게 먹는 방법을 보여 주는 것이 효과적이기 때문이다. 자녀에게 맛있게 먹어라, 골고루 먹어라 말하기 보다는 맛있게 골고루 먹는 모습을 직접 보여 주면서 정말 먹고 싶게 만드는 것이 더욱 효과적으로 건강한 식사법을 가르치는 방법이다.

셋째, 반드시 정해진 자리에 앉아서 먹도록 한다. 정해진 자리에 앉아서 밥 먹기에 집중하도록 격려함으로써 자녀가 자신의 일에 집중하는 능력을 증진시킬 수 있다.

먼저 식탁이나 정해진 장소에 반드시 앉아야 하고, 밥 먹을 때는 다른 일은 할 수 없음을 사전에 알려 준다. 자녀가 다른 일을 하고 싶어 한다면 밥을 먹고 할 것인지, 그 일을 하고 밥을 먹을 것인지를 정해서 밥 먹기에만 집중하도록 해야 한다. 단, 밥을 먹는 시간 동안 다른 가족과 즐거운 이야기나 맛있는 음식에 대한 이야기를 하면서 먹는 즐거움을 경험하도록 해야만 자녀가 밥 먹기에 집중할 수 있다.

만약 자녀의 연령이 만 3세 미만이어서 음식을 씹는 시간 동안 가만히 제자리에 앉아 있기 힘들어한다면 밥을 입에 넣을 때만이라도 반드시 정해진 자리에 앉아서 먹고 씹는 동안만 다른 곳에 다녀올 수 있도록 하되, 점차적으로 밥을 모두 먹을 때까지 앉아서 먹게 한다.

마지막으로 하루 중 적어도 한 끼 혹은 일주일에 2~3회 이상은 온 가족이 모두 앉아서 밥 또는 간식을 먹는 즐거움을 경험하도록 한다. 아마 아이들은 집에서 밥을 잘 안 먹더라도 다른 집에 가서 여러 사람과 함께 먹으면서 잘 먹었던 경험들을 갖고 있을 것이다. 아이들은 많은 사람과 즐겁게 이야기 나누며 먹는 분위기에서는 자신도 즐겁게 먹고 즐기는 역할을 따라 하게 되기 때문이다.

이러한 방법들을 자녀에게 잘 안내하고, 만약 이를 지키지 않을 시는 바로 음식을 치울 것이라고 알려 주도록 한다. 식사뿐만 아니라 그 이후 간식도 먹을 수 없으며 다음 밥 먹는 시간까지 음식을 먹을 수 없음을 알려 주도록 한다.

이후에 만약 자녀가 규칙을 위반하게 되면 자녀를 꾸중하거나 훈육하기보다는 정해진 약속대로 자녀의 밥과 간식을 모두 보이지 않는 곳으로 치우고 음식을 그만 먹도록 한다. 단, 자녀에게 분노를 표현하거나 쌀쌀맞은 태도를 보이지 말고 친절하지만 단호한 태도로 약속을 이행하는 부모의 모습을 보여 주도록 한다. 바로 이런 모습에서 자녀는 부모가 엄격하다는 것을 경험하게 되어 부모와 약속한 규칙은 반드시 지켜야 함을 알게 된다.

물건 관리

3~4세 연령이면 자신의 물건을 관리할 수 있다. 다만 적절한 수만이 가능하므로 너무 많은 수의 물건을 관리하지 않게 물건의 수를 조절해 주도록 한다. 그리고 물건의 소유와, 빌려 주고 빌려서 사용하는 방법을 안내하여 자신의 소유와 권리를 행사하는 방법과 그에 대한 책임을 경험하도록 한다.

첫째, 가능한 한 집 안의 모든 물건이 각각 누구의 소유인지를 정해서 자녀에게 알려 주는 것이 효과적이다. 예를 들면, 거실의 텔레비전은 아빠 것, 청소기는 엄마 것, 냄비나 조리 기구는 엄마 것, 자동차 열쇠는 아빠 것으로 나누어 주고 장난감도 큰아이 것과 작은아이 것을 분명히 나누어 준다. 그리고 다른 사람 것을 사용할 때는 소유주에게 빌려 줄 것을 부탁하고 빌려 주면 사용할 수 있다는 규칙을 분명히 알려 준다. 어린 자녀일수록 함께 사용하는 공동 소유 개념을 이해하기 힘들며, 또한 소유자가 분명해야만 물건에 대한 책임, 물건을 빌려 주는 권한 등을 연습시키기에 효과적이다. 형제의 경우 큰아이가 아기 때 가지고 놀던 놀잇감은 큰아이가 작은아이에게 주겠다고 하지 않은 이상 여전히 큰아이의 소유다. 그래서 대개 작은아이의 놀잇감이 큰아이의 것에 비해 부족하지만 물건의 소유와 책임, 관리하는 방법을 지도하는 데는 상관없다. 동일 수의 놀잇감을 갖게 하는 것보다는 누구의 소유인지 자녀들과 부모가 함께 동의하는 기준을 확립하는 것이 더 중요한 일이다.

둘째, 자녀가 현재 주로 사용하는 놀잇감은 10개 내외만 고르고 가끔씩 가지고 노는 놀잇감은 상자에 담아서 자녀의 눈에 띄지 않는 곳에 치워 둔다. 그리고 자녀가 찾을 때만 알려 주도록 한다. 자녀의 외투는 계절별로 1~2개, 티셔츠, 바지도 각각 3~4개, 양말도 5개 내외로 자녀가 자신의 물건을 기억하고 관리하기 쉽도록 물건의 수를 제한한다. 따라서 작아진 옷이나 양말, 자녀가 불편해서 자주 입지 않는 옷 등은 자녀 손에 닿지 않는 곳으로 치우는 것이 효과적이다.

셋째, 자녀의 놀이 장소와 물건 보관 장소를 정확히 지정해 주어야 한다. 그래야만 자녀는 자신의 물건을 정리할 수 있고 이를 통해 자신의 소유에 대한 책임을 배울 수 있다. 부모가 청소를 하거나 빨래를 정리하는 등 물건을 정리할 때 자녀에게 자신의 물건을 제자리에 넣어두도록 한다. 이런 습관을 통해 자신의 물건을 관리하는 능력이 형성되는 것이다. 부모는 자녀의 물건이 모두 있는지, 특히 자녀의 놀잇감이 잘 있는지 정기적으로 확인하고, 잃어버렸다면 반드시 찾도록 하며 없어진 이유를 알아내야 한다. 더불어 자신의 물건을 관리하지 못한 것에 대한 책임을 지도록 해야 한다. 즉, 다른 사람의 물건이라면 반드시 소유주에게 사과하도록 하고, 물건을 잃어버린 것에 대한 보상행동을 실행하도록 한다. 예를 들면, 소유주의 심부름을 3회 들어주기, 빨래 정리하기 등과 같이 물건 소유주를 섬기는 일이나 집안일을 함으로써 가족을 섬기는 일을 하도록 한다. 이를 통해 자녀는 자신의 책임과 권리 행사법을 경험으로 배우게 된다.

그리고 다른 사람의 물건을 사용하고 싶을 때는 반드시 그 소유자의 허락을 받아야만 하고, 만약 소유자가 허락하지 않으면 사용할 수 없도록 한다. 자녀가 아무리 울고 떼를 써도 소유주 대신 허락해서는 안 된다. 이 과정에서 자녀는 소유주의 권한을 알게 되고, 자신의 욕구를 조절하는 경험을 해 볼 수 있기 때문에 매우 중요하다.

넷째, 화가 났을 때 물건을 파괴하거나 다른 사람을 공격하는 행동은 절대로 용납될 수 없음을 사전에 알려 준다. 만약 물건을 파괴하거나 다른 사람을 대상으로 공격하는 행동을 한다면 반드시 사과하고 그에 상응하는 보상행동(집안일 돕기 등)을 하도록 한다.

부모와 약속한 규칙을 위반했을 때의 대응방식

이상 식습관 및 물건 관리와 같은 일상생활 지도를 위해 부모가 제시한 규칙을 지키지 않았을 경우, 상응하는 보상행동을 미리 결정해 놓고 그에 따라 자녀가 자신의 실수행동에 대한 책임을 지도록 하는 것이 효과적이다. 미리 결정되어 있는 기준이 있다면 자녀와 실랑이할 일이 없기 때문에 자녀에게 감정적으로 대하지 않을 수 있다.

부모는 자녀의 잘못을 바로잡기 위해 노력해야 하므로 자녀의 실수나 잘못된 행동은 미워하거나 그에 대한 분노를 가질 수는 있지만 자녀 자체를 부인하거나 미워해서는 안 된다. 따라서 자녀가 자신의 잘못된 행동에 대한 보상행동을 적절히 하고 반성하였다면 그 문제행동은 종료된 상황이므로 이후에는 절대로 자녀 앞에서 다시 언급해서는 안 되며, 다른 가족 구성원(특히 형제)에게 이야기해서는 안 된다.

이전의 실수를 언급하게 되면 자녀는 지금 훈육받는 문제행동보다는 부모가 자신을 미워하고 있다는 감정에 더 중점을 두어 스스로 반성하고 자신의 실수를 돌아보기가 힘들기 때문이다.

④ 활동: 부모-자녀 놀이 – [짝짓기 게임+샌드위치 포옹법]

부모와 자녀들 모두 손을 잡고 커다란 원을 만든다. 노래를 부르면서 한쪽 방향으로 돌다가 안내자가 제시하는 숫자대로 짝을 구성하는 게임을 한다. 이때 안내자는 전체 인원수를 기억하고 있다가 1명도 낙오되지 않는 숫자로 짝짓도록 지시해야 한다. 예를 들면, 20명의 부모와 자녀가 있다면 4, 5, 2, 10의 수로 짝짓도록 하여 낙오자가 없도록 한다.

짝을 짓는 과정에서 서로의 숫자를 세어 보고 남은 사람들을 끌어오느라고 자연스럽게 끌어안고 서로를 끌어당기는 경험을 하게 된다. 또한 각각 짝을 만든 그룹들이 서로를 칭찬하는 의미에서 서로를 안아 주면서 칭찬하도록 한다. 이 과정에서 최대한 신체적 접촉을 통해 함께 기뻐하고 격려하는 경험을 하도록 한다.

그리고 마지막에는 게임하느라 수고했다는 의미에서 각 부모와 자녀가 서로를 안아 주도록 하되, 다음에 제시한 단계별로 안아 주는 시범을 보여 준다.

- 1단계: 서로의 팔로 상대의 등을 감싸며 살짝 안아 주는 단계다.
- 2단계: 서로 안아 주되 얼굴의 볼을 맞대며 조금 세게 안아 주는 단계다.
- 3단계: 서로의 가슴이 밀착되도록 강하게 안아 주는 단계다.
- 4단계: 서로의 가슴과 배가 밀착되게 꼭 끌어안아서 숨도 쉬지 못할 정도로 안아 주는 단계다.

각 단계의 안아 주는 방법을 설명하면서 '수고했어요, 즐거웠어요, 자랑스러워요, 많이 사랑해요'의 말을 단계별로 하면서 포옹하기를 실행할 수도 있다. 실행이 끝난 후에 자녀들에게 어떻게 안아 준 방법이 가장 재미있고 좋았는지 질문하면 거의 대부분이 마지막 단계인 숨을 못 쉴 정도로 안아 주기가 가장 좋았다고 대답한다. 부모들도 유사한 대답을 한다.

이 방법은 일반적으로 알고 있는 샌드위치 포옹법을 4단계로 나누어서 설명한 것이다. 샌드위치 포옹법을 연습하면서 부모와 자녀의 얼굴 표정이 변화되는 것을 살피고, 점차 높은 단계로 안으면서 웃음소리와 즐거운 표정이 나타나는 것을 확인하여 신체적 접촉을 통해 친밀감이 높아지는 것을 경험하도록 한다.

이와 같은 4단계의 포옹법을 일상생활에서 자주 활용하도록 안내한다. 아침에 일어났을 때의 인사법, 유치원이나 학교에서 돌아왔을 때의 인사법, 자녀를 칭찬해야 할 일이 있을 때 칭찬의 강도에 따라서 단계의 수준을 정하고 안아 주기 등으로 활용하면서 부모가 자녀를 얼마나 자랑스러워하는지, 사랑하는지 등을 전달하도록 한다.

⑤ 양육 워크북: 일상생활 지도 – 식사 예절, 소비생활

5회기의 양육 워크북 주제는 '일상생활에서 식사 예절과 소비생활 지도하기'다. 자기 통제력이 부족한 아이의 경우 식사 예절과 소비생활에서 많은 문제가 발생한다. 따라서 이번 회기 양육 워크북에서 일상생활 지도를 다룰 것이며, 이에 기초가 되는 훈육 지침을 살펴보도록 하겠다.

앞의 사례에서 한 부모가 자녀가 징징거리며 이야기하고 자신이 원하는 것을 못하게 되면 계속 우는 행동을 보인다는 어려움을 언급하였다. 이에 훈육의 기술을 적용해 보면 다음과 같다.

자녀가 울면서 자신이 원하는 것, 억울함을 이야기하는 이유는 무엇일까? 아마도 자녀는 자신이 말하지 않고 울기만 해도 엄마는 자신의 감정과 생각을 다 알 수 있을 것이라고 기대하기 때문일 것이다. 혹은 자기가 울기만 하면 엄마가 자신의 억울함 등을 모두 해결해 주기를 바라기 때문일 것이다. 여기서 필요한 것이 바로 첫 번째 단계인 '자녀의 감정/소망/욕구 인정하기' 단계다. 즉, 자녀의 억울함, 속상함, 또는 엄마가 대신 해결해 주었으면 좋겠는지를 자녀에게 확인하고 자녀의 생각 그대로를 인정해 주는 것이다.

두 번째 단계는 '잘못된 행동 깨닫기'다. 여기에서는 자녀가 울면서 이야기하면 엄마는 자녀가 왜 속상한지, 무엇을 원하는지 알아들을 수 없다는 것을 분명하게 이야기해 준다. 또는 엄마가 자녀 대신 문제를 해결해 주기를 원한다면 자녀의 일은 자녀가 해야 하고 엄마는 절대로 대신해 줄 수 없음을 알려 주도록 한다. 그리고 자녀가 울지 않고 말할 수 있도록 도와준다. 자녀에게 울지 말라고 윽박지르기 보다는 다 울고 나서 이야기하면 자녀의 말을 잘 알아들을 수 있다고 알려 주고 자녀가 실컷 울도록 하게 한 후 다 울었는지 확인하면서 울음을 그치고 말할 수 있도록 격려한다. 자녀가 울지 않고 자신의 생각을 또박또박 말하면 그 행동을 격려하고 칭찬해서 앞으로는 울지 않거나 다 울고 나서 이야기하면 엄마가 자녀의 말을 잘 알아들을 수 있음을 알려 준다. 이 과정에서 자녀는 자신이 울면서 이야기한 것과 자신이 해야 할 일을 엄마가 해 주었으면 하는 것이 잘못되었다는 것을 알게 된다.

세 번째 단계는 '수용되는 범위 결정하기'다. 이때는 자녀의 울음소리를 들으면 엄마가 귀가 아프고 시끄러우니까 울고 싶으면 방에 들어가서 문을 닫고 다 운 다음에 울음이 그치면 엄마에게 이야기하는 방법을 제시하도록 한다. 또는 자녀는 실컷 울어야 하지만 엄마나 다른 가족들은 자녀의 울음소리가 너무 시끄러우니까 다른 가족들에게 가능한 한 들리지 않게 울려면 어떻게 하면 좋을지 그

방법을 자녀와 의논해서 결정해도 좋다. 이 과정에서 부모가 수용할 수 있는 범위와 자녀가 수용할 수 있는 범위를 실제적으로 확정하고 실행하도록 한다.

이와 같은 훈육을 반복하게 되면 자녀는 점차 우는 방법보다는 울지 않고 엄마에게 자신의 마음을 빨리 이야기하는 것이 효과적이라는 것을 깨닫게 된다. 또한 자신의 감정에만 집중하기보다는 함께 사는 가족들도 배려해야 한다는 것을 배울 수 있어서 함께 살아가기 위해 스스로를 조절해야 함을 경험하게 된다.

⑥ 과제

- 자녀와 바람직한 식사 규칙을 정하고 실행해 보도록 한다. 앞에서 제시한 기준 외에 부모가 생각하기에 자녀가 식사 준비나 치우기를 도울 수 있는 능력이 있다면 이런 역할도 지정해 주어서, 모두 함께 준비한 식사를 즐겁게 나누는 경험이 되도록 한다.
- 자녀의 물건 관리방법을 안내하고 물건의 목록, 위치 등을 확인한다.
- 자녀를 칭찬할 때나, 아침에 일어났을 때 등의 일상에서 자녀와 샌드위치 포옹법을 활용하도록 한다.
- 요즘 자녀가 하는 행동 중에서 바람직하지 못한 행동 중 가장 시급하게 수정하고 싶은 행동 한두 가지, 그리고 식사 규칙과 물건 관리 규칙을 지키지 못했을 경우에 그에 상응하는 보상행동을 부모가 결정하고 자녀에게 알려주도록 한다. 그리고 이 목록을 작성해 오고 그것을 실천하도록 한다.

양육 워크북

5회기: 일상생활 지도 – 식사 예절, 소비생활

불규칙적인 생활을 한 아이들의 경우, 편식이 있거나 건강하지 못한 식습관을 가진 경우가 많습니다. 예를 들면, 불고기와 상추쌈 등 맛있는 음식이 차려진 식탁에서 상추와 같은 야채는 거부하고 오로지 고기하고만 밥을 먹습니다. 이를 안타깝게 지켜보던 엄마는 어떻게 해서든지 야채를 한 번이라도 먹이려고 애쓰다가 아이의 거부로 결국 포기하고 밥상을 치우지요. 그런데 친구 집에서는 친구처럼 야채도 잘 먹는 아이의 모습을 보면서 엄마는 여러 가지 생각으로 혼란스럽고 마음이 아픕니다. 다른 예로는 과자와 시리얼 같은 간식거리에 집착하는 경우입니다. 집에 아무리 많은 과자와 시리얼을 사다 놓아도 그 자리에서 한꺼번에 다 먹어 버리는 아이를 보면 아마 부모님의 심정이 복잡하실 겁니다. 심지어 너무 많이 먹었는데도 계속 먹겠다고 하면 정말 혼란스러울 것입니다. 몰래 먹거나 상상할 수 없을 정도로 많이 먹는 모습, 음식에 집착하는 모습 등은 부모님에게 특히 힘든 문제입니다.

물론 아이가 기질적으로 편식이 심한 경우도 있지만, 많은 경우는 아이가 스스로를 통제하는 능력을 배우고 키우지 못했기 때문에 발생하는 문제입니다. 음식뿐만 아니라 '돈'에 관한 문제에도 이와 같이 통제되지 않은 모습들을 보이기도 합니다. 또 부모님이 운전하고 있는 차 안에서 자기 마음대로 행동하는 것도 스스로에 대한 통제능력이 없어서입니다.

따라서 아이 스스로 통제능력을 기를 때까지 아이를 통제해 주는 역할을 바로 부모님이 해 주셔야 합니다. 부모님은 아이 스스로 통제하지 못하는 영역(음식, 돈, 자동차 안에서의 행동 등)에서 아이 대신에 통제하는 역할을 해 주심으로써 자녀에게 부모로서의 권위를 확립할 수 있습니다. 따라서 이는 굉장히 중요한 역할이며 반드시 수행하셔야만 합니다.

'식사 예절, 소비생활, 안전하게 자동차 타기' 지도하기

1 식사는 되도록 패스트푸드를 피하고 집에서 조리된 음식으로 하세요.

- 집에서 만든 음식을 거부하고 패스트푸드를 선택하는 것은 부모님의 사랑을 거부하는 것을 의미하기도 합니다. 부모님의 자녀가 된 이상 아이들은 반드시 부모님의 사랑을 받아야만 합니다.

2 정해진 시간에 식탁에서 준비된 음식으로 가족과 함께 식사를 하도록 지도하세요.

- 아이들은 가족과 함께 밥 먹는 즐거움을 경험해야 합니다. 가족 모두가 함께 먹으면 더욱 좋겠지만, 가능한 한 가족들끼리 밥을 함께 먹으며 이야기하고 나누는 가족 문화를 반드시 경험하도록 해야 합니다.

⇨ 만약 아이들이 가족과 함께 밥을 먹지 않으려고 한다면, 반드시 지금 가족과 함께 먹어야 한다고 한 번만 부드럽게 말해 주세요. 이때 아이에게 음식을 강요하거나 다른 선택을 주지 마시고 지금 가족과 함께 먹어야만 한다고 친절하게 이야기해 주세요.

그런데도 아이가 음식 먹기를 거부하거나 얼굴을 찌푸리고 식탁에 앉으면서 투덜거린다면 음식을 신속하게 조용히 치웁니다. 만약 아이가 음식이 어디로 가는지 묻는다면, "네가 먹지 않아서 버렸단다." 라고 침착하고 부드럽게 말해 주세요. 절대로 화내면서 말하지 마시고요.

그리고 아이가 "그럼 오늘 저녁에 저는 무엇을 먹지요?"라고 묻는다면, "내일 아침에 아침밥을 먹으면 된단다."라고 대답하시면 됩니다. 이후엔 내일 아침까지 어떤 음식도 허락해서는 안 되고 몰래 먹을 수도 없는 상황을 만드셔야 합니다. 즉, 남은 음식이나 다른 먹거리도 없도록 하거나 손대지 못하는 상황을 만드셔야 합니다.

이와 같이 부모님이 정성 들여 만든 식사에 대한 거부의 결과를 냉정하게 경험한 아이들은 음식에 대한 자기 통제력을 키울 수 있을 뿐 아니라 부모님의 권위에 순종하는 것을 경험하고 배울 수 있습니다.

3 아이가 자기 통제력을 키우기 전까지는 용돈을 주기보다 그때그때 꼭 필요한 만큼의 돈만 주도록 하세요.

- 음식에 대한 것도 조절하지 못할 정도로 자기 통제력이 부족한 아이들에게 음식보다 더 위험한 것이 돈입니다. 따라서 가능한 한 아이가 필요한 것, 아이의 준비물 등은 반드시 부모님이 아이와 함께 사서 준비해 주시고, 만약 아이에게 돈을 주어야만 할 상황이라면 정확한 액수의 돈을 주고 그 돈을 목적에 맞게 사용했는지 확인해야 합니다.
- 집 안에 그냥 돌아다니는 돈이 없도록 철저히 관리해야 합니다. 즉, 부모님의 지갑이나 동전 모아 놓는 통 등의 관리를 철저히 해서 아이가 무심코라도 돈을 훔치고 싶은 상황이 발생하지 않도록 예방해야 합니다.
  돈을 조금이라도 흥청망청 사용한 경험, 자기도 모르게 돈을 훔친 경험, 부모님을 속이고 다른 목적으로 돈을 사용한 경험 등은 도덕적으로 아이를 혼란스럽게 만들기도 하고 아이가 앞으로 더 나쁜 일을 할 수도 있게 하는 동기가 되기 때문에 '돈 관리'는 철저히 해야 합니다.
  부모님이 돈 관리를 철저히 해 주신다면 그 과정에서 아이는 부모님의 권위를 인정할 수밖에 없으며, 부모님이 아이 대신 돈에 대한 통제력을 훈련시켜 주시므로 아이가 건강한 돈 관리 개념을 형성하게 됩니다.
  자녀가 스스로 통제력을 형성하여 건강한 아이가 되었을 때는 다른 아이들처럼 '용돈 관리' 등을 지도할 수 있습니다. 따라서 그때까지는 좀 힘들더라도 가정에서 돈 관리를 철저하게 해 주셔야 합니다.

4 부모님이 운전하는 동안 자녀가 차 안에서 위험한 행동을 하거나 방해하는 행동을 한다면 무조건 금지해야 합니다.

- 아이는 자동차 안에서의 안전사항을 반드시 훈련받아야 합니다. 이를 위해 위험한 행동은 절대 금지하도록 하세요. 예를 들어, 손으로 자꾸 창문이나 문 장난을 한다면 양손을 머리 위에 올린 채 15분 정도 있도록 훈련하십시오. 그리고 아이에게 손을 가만히 두겠다는 약속을 받고 내리게 하십시오. 만약 다시 손으로 장난을 한다면 아이는 다시 15분간 손을 머리 위로 올려야 합니다.
  자동차에서의 안전사항은 생명과 관계되는 중요한 일이므로 반드시 훈련하도록 하세요.

5 앞의 내용 이외의 아이의 반항행동이나 부정적인 행동은 명확히 밝히고 그에 대해 아이 스스로 어떤 형태로든 보상하도록 하세요.

- 아이가 물건을 훔치거나, 기물을 파손하거나, 다른 사람 또는 애완동물을 때리거나 괴롭히는 행동이 의심되거나 발견되면 반드시 진실을 명확히 밝히고 그에 대한 보상행동을 실행하도록 해야 합니다.
  이와 같은 반항행동이나 부정적인 행동은 이 아이들의 심성이 원래부터 잘못돼서 나타나는 것이 아니며, 아이가 자신의 내면에 '힘든 문제가 있다고 도와 달라'는 표현입니다. 그러나 대개의 부모님들은 아이들의 이런 나쁜 행동을 인정하고 싶지 않거나 아이에게 경고하고 긴 설교로 훈계를 합니다. 이런 부모님들의 대처는 아이들에게 도움이 되지 못합니다.
  물건을 잃어버렸다면 적극적으로 물건을 찾아야 합니다. 반드시 물건을 행동으로 찾아야만 합니다. 말로 설교하기보다는 행동으로 찾고, 행동으로 가르쳐야 합니다.

  – 아이가 훔친 물건은 반드시 반환하도록 하세요.
  – 만약 아이가 다른 사람을 때려서 상처 입혔다면 '미안하다'는 사과뿐만 아니라 그 사람에게 보상하도록 하세요.
  – 상처 입힌 사람을 위해 그 사람의 방을 청소해 주거나, 그 사람의 신발을 닦아 주거나, 어깨 마사지를 해 주는 등 상처 입힌 사람이 좋아할 만한 일을 해 주도록 하세요.
    예 청소하기 / 설거지하기 / 마사지하기 / 걸레 빨아 주기 / 음식물 쓰레기 버려 주기 / 현관 바닥 닦아 주기 / 아빠를 위해 재활용품 버리기 / 구두 닦기 / 아빠 양말 빨아 주기 / 형제를 위해 방 정리해 주기 / 형제가 좋아하는 자신의 장난감이나 물건 빌려 주기 등

활동지 1: 돈 관리 계획하기

※ 이 활동은 만 5세 이상 자녀에게 가능합니다.

필요한 물건을 구입하는 방법, 선물을 주는 때, 아이에게 돈을 줄 경우 영수증과 잔돈 확인하는 절차 및 기록 남기기 등을 정해 두는 것이 좋습니다.

1 필요한 물건은 어떤 방법으로 구입하게 할까?

- 정말 필요한 물건일 때:

- 별로 필요하지 않은 물건일 때:

2 언제 선물을 줄까?

(예: 생일, 어린이날, 식사 당번을 한 달간 빼먹지 않고 다 했을 때 등)

3 아이 용돈 관리표

날 짜	가져간 이유	가져간 용돈	거슬러 온 용돈	영수증 유무

활동지 2: 바람직하지 못한 행동을 했을 때 보상으로 제시할 일 목록 만들기

바람직하지 못한 행동을 했을 때 보상으로 제시할 일을 목록으로 만들어서 아이들이 볼 수 있고 또 알 수 있도록 해 줍니다.

(바람직하지 못한 행동의 예: 음식, 돈, 위험한 행동, 남을 괴롭히는 행동, 물건 훔치기 등)

바람직하지 못한 행동	보상으로 제시할 일

활동지 3: 이런 행동은 안 돼요!

행동	이 행동을 했을 때는?	결과
형제의 물건을 함부로 빼앗을 때	⇨	식사 당번 하루 더 하기
	⇨	
	⇨	
	⇨	
	⇨	
	⇨	
	⇨	

6) 6회기: 양육 효능감 증진

(1) 운영 개요

① 목표

- 지난주 과제 점검을 통해 각자의 경험을 나눈다.
- 자녀의 행동 범위에 대한 제한을 제시하는 기술을 경험한다.
- 범위 내에서 자녀가 스스로 선택하게 하고 그에 대한 권리와 책임감 발달을 격려하는 기술을 경험한다.
- 자녀의 일상생활 지도 중에 규칙 위반 시 훈육의 기술 활용을 복습한다.

② 준비내용

- 컴퓨터, 빔프로젝터, 이름표, 종이, 연필
- 간단한 다과 및 차
- 모든 구성원이 가능한 한 둥글게 앉도록 한다.

③ 진행방법

- 맞이하기
- 과제 점검
- 활동: 부모-자녀 놀이 – [걱정 비행기 접기]
- 중심 개념 안내 1: 자녀에게 선택권 주기
- 중심 개념 안내 2: 자녀가 혼자놀이에 집중하도록 격려하기
- 양육 워크북 소개: 자녀와 함께 웃음 만들기
- 과제 공지

(2) 6회 프로그램 진행

① 맞이하기

안내자는 도착하는 부모들과 아이들을 반갑게 맞이하고, 지난 한 주 동안 잘 지냈는지, 특별한 일은 없었는지 등을 확인한다. 특히 지난주에 자녀와 샌드위치 포옹법을 활용한 경험을 나눈다. 그 효과로 나타난 결과들을 서로 나눈다. 부모와 약속한 생활 규칙을 지키지 않았을 때 훈육의 기술 활용에 대한 경험을 나누고, 이를 이후 훈육의 기술 복습에 활용한다.

② 과제 점검

'샌드위치 포옹법' 점검하기

사례 1 저는 아침에 일어나면 아이들 잠을 깨울 때 '샌드위치 포옹법'을 했어요. 우리 예쁜 딸 일어나야지 하면서 가장 마지막 단계로 꽉 안아 주면 아이들이 기분 좋게 잠이 깨서 아침에 아이들 깨우기 실랑이가 없어졌어요. 그리고 명상하기 놀이 후에 상으로 잘했다고 안아 주고요. 그랬더니 아이들이 엄마 사랑한다고 얼굴에 뽀뽀 세례를 얼마나 하는지……. 기분 좋은 경험이었어요.

사례 2 그동안 우리는 애정 표현이 적극적이지 못했다는 생각이 들었어요. 제가 아이를 그렇게 꽉 안는 것이 좀 어색했는데, 아이도 그랬나 봐요. 안기기는 하는데 좀 어색한 표정이 보이더라고요. 하지만 안고 나면 아이가 행복해하는 얼굴을 하니까 마음이 좋아져요. 그리고 요즘 아이가 자주 제게 안기려고 하거나 몸을 기대는 것 같아요.

사례 3 저는 매번 1단계부터 4단계까지 연속적으로 해 주었어요. 잘했다고 칭찬하는 의미로 안아 주거나 사랑을 표현하는 것인데, 중간 단계까지 하고 말기가 좀 그렇더라고요. 그런데 의외로 처음부터 4단계로 안아 주기보다 1단계부터 시작해서 점차 강도를 세게 해 가는 과정에서 아이가 더 행복해하는 것 같아요. 저도 아이와 웃게 되고요. 신체적 접촉이 중요하다는 것은 알았지만 한 번 더 확인하게 된 것 같아요.

사례 4 저는 칭찬할 때 하기도 했지만, 아이가 화가 나 있었는데 왜 그런지 말을 안하는 거예요. 그래서 샌드위치 포옹법으로 안아 주니까 조금씩 웃더니 속상한 마음을 이야기하더군요. 기분을 풀어 주는 데 좋은 방법인 것 같아요.

사례 5 저희는 거꾸로 아이가 저를 그렇게 안아 주는 거예요. 제게 갑자기 달려와서 그렇게 끌어안으니까 처음에는 좀 놀랐는데, 그 뒤로는 저도 똑같이 안아 주었지요. 지난번 여기서 세게 안았던 것이 아이에게 정말 좋았나 봐요. 그동안 내가 너무 안아 주지 않았나 하는 생각이 들었어요. 그런데 솔직히 저는 아직도 좀 깜짝 놀라요, 아이가 갑자기 안으면.

사례 6 저희 아이는 아직도 꼭 안아 주는 것이 어색한 것 같아요. 처음보다는 나아졌지만, 아직도 제가 안으면 안겨 있기는 하는데 아이가 저를 끌어안지는 않아요. 그래도 얼굴에 어색하지만 조금씩 웃음을 띠기도 하고요. 오늘은 제가 깜빡하고 아침에 안아 주지 않았더니 제게 "오늘은 왜 안 해?"라고 묻더라고요. 아마 기다렸나 봐요.

'식사 예절과 소비생활' 점검하기

사례 1 저녁식사 준비할 때 아이들에게 역할을 주었어요. 작은아이는 숟가락, 젓가락을 놓고 큰아이는 냉장고에서 밑반찬들을 꺼내게 했지요. 그리고 먹고 나서 행주질 하는 것은 순번을 정해서 아이들이 번갈아 가면서 하게 했어요. 아이들이 즐거워하는 것 같아서 좋은데, 아이들 하는 수준이 그렇잖아요.

아주 제가 속이 터져요. 행주질을 하는 것인지 밥풀을 상 위에 문지르는 것인지. 어디부터 가르쳐야 할지.

다른 엄마 우리 아이도 처음에는 그랬어요. 우리 엄마들은 늘 하는 행주질이라서 쉽지만 아이들은 잘 몰라요. 처음 하는 일은 항상 어떻게 하는지 엄마가 시범을 보여 주세요. 천천히 하나씩 아이들이 잘 보고 배울 수 있도록. 보고 나면 잘하더라고요.

사례 2 밥 먹을 때마다 아이 둘이 식탁 밑에서 발싸움을 해요. 큰아이가 발로 작은아이 발을 툭툭 치다가 결국은 싸움을 해서 시끄러워서 밥을 못 먹어요. 그래서 밥 먹기 전에 오늘도 식탁 밑에서 발싸움을 하면 둘 다 밥 먹을 수 없다고 했어요. 다른 식구들에게 방해되기 때문에. 그랬더니 작은아이가 그럼 간식은 먹을 수 있냐고 하더라고요. 그래서 물론 간식도 안 된다고 했지요. 처음에는 발싸움 없이 밥을 먹었는데, 조금 있으니까 결국 발싸움을 시작하더라고요. 그래서 지난번에 배운 대로 "너희는 오늘 밥 못 먹겠다!"라고 말하면서 아이들 밥그릇을 치웠어요. 그리고 그날 간식도 못 먹게 했지요. 그러니까 저녁에 얼마나 배가 고팠겠어요. 다음 날 아침에 정신없이 먹더라고요. 그리고 당연히 발싸움도 안 하고요. 이제 밥을 조용히 먹을 수 있어서 살 것 같아요.

사례 3 저희는 간식의 양을 정해 주었어요. 아무래도 간식을 너무 많이 먹기 때문에 밥을 안 먹는 것 같아서요. 일정 양을 주고 더 먹겠다고 하면 한 번만 (그것도 조금) 더 주고, 저녁밥 먹은 후에 더 먹을 수 있다고 했더니 아이가 받아들이더라고요. 그래서 그런지 저녁을 아주 잘 먹었어요. 돌아다니지도 않고 음식을 입에 물고 있지도 않고요.

사례 4 저희 아이는 음식을 입에 물고 있어요. 그리고 자꾸 앞니로만 씹어요. 그래서 밥 먹을 때 음식이 튀어나오고 쏟고 아주 난리예요. 여섯 살인데 아직도 그래요. 더럽게 먹으면 간식을 못 먹는다든지 하는 규칙을 만들까 해요.

다른 엄마 그보다는 먼저 아이가 어떤 자세로 먹는지 한 번 살펴보세요. 식탁에 바짝 다가앉아서 음식이 손에 잘 닿는 곳에 있는지, 숟가락, 젓가락질을 능숙하게 하는지 확인해 보면 잘 흘리는 이유를 알아요. 우리 아이도 그랬는데 식탁에 바짝 다가앉게 했더니 덜 흘리더라고요.

사례 5 저희는 큰 결단을 내렸어요. 인스턴트 음식을 일주일에 1회로 제한하기로 했거든요. 그동안 저희 식구들이 피자, 햄버거를 너무 좋아해서 자주 먹었어요. 그리고 밤에 먹는 치킨은 왜 그리 맛있는지. 하지만 저희 건강도 그렇고 아이들에게 안 좋다고 하니까 줄이려고 남편이랑 결단을 내렸지요. 주말에만 먹는 걸로요. 그래서 지난 일주일이 좀 힘들었어요. 아이들이 밥을 안 먹더라고요. 그래도 계속하면 좋아질 거라고 믿어요.

사례 6 저희 아이는 돌아다니면서 밥을 먹거나 꼭 밥 먹으면서 놀잇감을 가지고 노는 버릇이 있었어요. 아이에게 규칙을 설명하고 안 된다고 했더니 난리가 났어요. 그래도 안 된다고 버텼더니 밥을 안 먹더라고요. 그래서 마음은 아프지만 굶겼죠. 두 끼 굶으니까 밥을 먹었어요. 단, 장난감을 자기가 볼 수 있게 자기 앞에 갖다놓으라고 하더라고요, 만지지는 않을 테니까.

다른 엄마 어머! 아이가 아주 훌륭하네요. 장난감을 가지고 놀지는 않지만 장난감을 가지고 놀고 싶은 마음을 달래기 위해 눈으로만 보겠다는 거잖아요.

사례 7 저희는 물건 소유 때문에 제가 하루 종일 시달렸어요. 우리 집 물건은 다 주인이 있다고 알려 주었더니 아이가 하루 종일 제게 집 안의 모든 물건을 하나씩 들이대면서 누구 것이냐고 묻는 거예요. 나중에는 이 집은 누구 거냐고 해서 아빠 거라고 했어요. 그랬더니 그럼 왜 아빠 집에 엄마가 사느냐는 거예요, 엄마 집에 살지. 참 어이가 없어서. 그래도 참고 이야기했지요. 아빠가 엄마보고 같이 살자고 해서 그렇다고. 그랬더니 그럼 아빠가 자기도 같이 살자고 했느냐고 묻더라고요.
그리고 소유를 알려 주어서 덕을 본 것이 있어요. 컴퓨터가 아빠 것이라는 걸 알게 된 후에는 아빠에게 꼭 허락을 받더라고요. 그래서 컴퓨터 게임 시간이 줄었어요. 아빠가 허락하는 시간에만 하니까 정말 좋더라고요.

사례 8 저희도 물건 소유 정하고 형제간의 다툼이 좀 줄었어요. 형도 동생 것을 마음대로 가져가지 않으려고 하고 동생도 형에게 물어보니까 좀 낫더라고요. 지들끼리 협상도 하더라고요.

사례 9 저희는 소유 정하고 한 번 난리가 났어요. 동생이 형의 자동차를 빌려서 놀려고 하는데 형이 절대로 안 된대요. 지금 자기는 다른 것 가지고 놀면서도 안 된다고 하더라고요. 평소 같으면 제가 큰아이한테 형은 그러면 안 된다고 했을 텐데 그냥 참았지요. 작은아이한테 "형이 안 된대, 어떻게 하니? 형이 허락해야만 놀 수 있어." 하면서 위로만 했더니 울고불고 난리예요. 그냥 보고 있었지요, 뭐. 작은아이가 우는 것을요.
한참 뒤에 형이 자동차를 가지고 오더니 5분만 가지고 놀라고 하더라고요. 생색은 다 내면서! 어찌나 치사하던지! 그래도 동생이 계속 우니까 빌려 주었어요. 스스로 빌려준 것은 이번이 처음이에요. 신기했어요.

사례 10 아이가 화가 나면 물건을 던지는 버릇이 있거든요. 이번에 고쳐 보려구요. 화가 나서 던지고 싶을 때 던질 수 있는 물건을 정해 주고 그것만 던지도록 했어요. 그리고 다른 물건을 던지면 그날 간식은 안 먹기로 했어요. 동생이랑 싸우고 화가 나서 가지고 놀던 놀잇감을 던지려는데, 아빠가 그것 던지면 간식 못 먹는다고 이야기하니까 거실 구석에 있는 공을 던지더라고요. 처음으로 물건 던지는 것을 안 했던 것 같아요.

가정에서 지켜야 할 규칙을 어겼을 때 정한 보상행동으로는 주로 음식을 안 먹는 것이나 컴퓨터 게임 금지를 많이 사용한다. 자녀들이 가장 좋아하는 것을 금지하는 것으로 결정하기 때문이다. 그러나 이보다는 자녀가 가족들을 위해 봉사하는 행동 등을 정하여 자녀가 다른 가족들을 위해 수고하는 것이 더 바람직하다. 예를 들면, 아침에 아빠 구두를 닦아 놓는 일, 밥 먹은 후 식탁을 정리하는 일, 재활용품을 분리 수거하는 일, 엄마가 정리한 빨래를 제자리에 갖다놓는 일 등이다. 이를 통해 자녀가 가족을 위해서 도움을 제공하고, 이에 다른 가족들이 고마워하고 그들의 삶이 편안해짐을 경험하면서 가족들 간의 친밀감 형성에 도움이 될 뿐 아니라 자녀가 다른 가족들에게 관심을 갖게 되는 계기가 된다.

③ 활동: 부모-자녀 놀이 – [걱정 비행기 접기]

부모와 자녀가 각각 지금 자신들에게 가장 큰 걱정거리와 속상한 일들이 무엇인지 생각해 보고 그것을 종이에 적도록 한다. 자녀가 그림으로 그리고 부모가 그림 밑에 그 내용을 간단히 적어 준다.

부모와 자녀의 걱정과 속상함이 기록된 종이로 부모와 자녀가 멋진 종이비행기를 만들도록 한다. 각각 만든 종이비행기를 다른 부모-자녀들에게 보여 주도록 하고 안내자는 이를 칭찬한다. 멋지게 접은 비행기는 그날 집에 돌아가서 높은 곳(집의 옥상이나 아파트의 높은 곳)에서 자녀와 함께 하늘 높이 날려 보내도록 한다. 종이비행기에 적은 부모와 자녀의 걱정이나 속상함이 영원히 하늘로 날아갔음을 상징하는 활동이므로 반드시 자녀와 함께 하늘 높이 날려 보내도록 한다. 그리고 속상함이나 걱정이 생각날 때마다 부모가 그것은 하늘로 날려 보내서 더 이상 남아 있지 않다고 자녀에게 이야기해 주도록 한다.

또한 멋진 종이 비행기를 만든 부모와 아이에게 격려의 선물을 준다. 선물은 주로 아이들이 좋아하는 초콜릿, 사탕, 젤리, 스티커 등인데, 이는 아동의 만족지연 수준을 점검할 때 주로 사용하는 것들이다. 이것을 활용해서 자녀가 스스로 욕구를 조절하도록 하고, 부모는 이를 적절히 잘 지도하는 경험을 해 보도록 한다.

먼저, 부모는 그 선물을 언제, 어떻게 먹을 것인지에 대해 자녀와 의논하도록 한다. 단, 지금 이 자리에서 모두 먹을 수 없다는 원칙하에 부모와 자녀가 선물에 대해 의논하고 결정하도록 한다. 그리고 자녀들은 선물을 부모에게 맡기고 잠시 놀다 오거나 다른 일을 하도록 한다. 이 활동을 통해 자녀가 부모에게 얼마나 자주 오는지, 처음에 부모와 정한 규칙을 얼마나 어기고 싶어 하는지 등을 점검하여 자녀가 참을 수 있는 욕구 수준을 확인할 수 있다.

④ 중심 개념 1: 자녀에게 선택권 주기

자녀들에게 자주 발생하는 문제 상황이 있을 경우, 그 상황에서 자녀가 반드시 지켜야 하는 규칙의 범위와 문제행동 대신에 할 수 있는 행동의 범위를 제시하는 것이 자녀의 도덕성 발달에 도움이 된다. 만약 아무런 제한 범위가 없다면 자녀는 감정대로 공격적인 행동이나 파괴적인 행동을 하게 되는데, 이런 행동 후에 자녀들은 그 행동이 나쁜 행동이라는 것을 알기 때문에 죄책감과 수치심을 느끼게 된다. 이런 부정적 감정들은 자녀의 건강한 도덕성 발달을 방해할 뿐이다. 따라서 사전에 자녀가 이런 감정들을 경험하지 못하도록 하기 위해 자녀가 자주 보이는 문제행동에 대해서는 자녀가 할 수 있는 행동의 범위와 자녀가 선택할 수 있는 대안의 범위를 확실히 제시하는 것이 좋다. 선택할 수 있는 대안의 범위에서 하나를 선택한 후 그것을 실행하는 과정에서 자녀는 자신의 의사결정 능력, 자제력, 자신의 선택을 책임지는 능력을 발달시킬 수 있다.

자녀에게 제시하는 규칙과 대안의 범위를 제시하는 원칙은 다음과 같다.

첫째, '~하도록 하자'라고 분명한 행동 지침을 제시한다. 일반적으로 부모들은 자녀에게 '~하면 안 돼' '~할 수 없어'라는 말을 하게 된다. 예를 들면, '밥을 다 먹기 전에 사탕이나 과자를 먹을 수 없다.'는 규칙을 자주 제시한다. 그런데 자녀 입장에서는 '그럼 어떻게 해야 사탕이나 과자를 먹을 수 있을까?'가 더 중요하고 알고 싶다. 따라서 자녀에게 규칙이나 범위를 제시하는 원칙은 자녀가 할 수 있는 행동으로 표현해서 제시하는 것이 효과적이다. "밥을 다 먹고 나면 사탕이나 과자 1~2개(또는 엄마가 미리 정해 놓은 양)를 먹을 수 있어."라고 제시하면, 자녀는 자신이 원하는 사탕이나 과자를 위해 자신의 행동을 결정할 수 있다.

둘째, 규칙을 유지하기 어려운 범위를 제시해서는 안 된다. 대부분의 부모들은 자신의 목표에 준해서 자녀에게 규칙을 제시하기 때문에 자녀가 실행하기 어려운 경우가 많다. 그러다 보니 처음에 정한 규칙을 자주 바꾸거나 부모가 임의대로 해석해서 일관성을 유지하지 못하는 경우가 많다. 정해진 규칙이나 범위의 일관성을 유지하지 못한다면 자녀는 앞으로의 일을 예측할 수 없기 때문에 늘 불안정할 수밖에 없다. 따라서 부모는 자녀가 실행 가능한 범위를 결정하고 제시하는 것이 중요하다. 이런 범위를 정하기 위해서는 자녀에 대한 구체적인 정보가 필요한데, 부모가 자녀의 놀이에 동참하는 시간에 자녀의 놀이에 집중하고 자녀를 잘 관찰했다면 충분히 적절한 수준의 범위와 행동 규칙을 결정할 수 있을 것이다.

셋째, 규칙이나 행동의 범위를 제시하는 목적은 자녀의 문제행동을 막는 것이 아니라 자녀가 바람직한 행동을 하도록 격려하는 것임을 명심한다. 자녀의 바람직한 행동을 격려하는 것과 부정적인 행동을 막는 것은 분명히 다르다. 따라서 부모가 어느 쪽에 중점을 두느냐에 따라 자녀가 범위 내에서 스스로 선택하고 자신의 선택에 책임지는 능력의 발달은 달라진다. 하지 말아야 하는 문제행동을 나열하기보다는 바람직한 행동을 제시하고 자녀가 그것을 받아들이고 실행하도록 격려하면 그 과정에서 자녀를 칭찬할 수밖에 없고, 이에 자녀는 바람직한 행동의 결과에 대한 만족감을 더 경험하게 되므로 바람직한 행동에 대한 동기가 더욱 고취되는 경향이 있다.

자녀들과 의논해서 결정한 선물을 언제 어떻게 먹을 것인지에 대한 앞의 사례에서 규칙이나 행동의 범위를 제시하고 자녀에게 선택권 주기 한 것을 구체적인 사례를 들어 살펴보겠다.

사례 1 우리 아이는 젤리 과자 1개만 먹고 나머지는 집에 가서 하루에 하나씩 먹기로 했어요. 그런데 자기 선물이 잘 있는지 10분 동안 3번이나 확인하러 왔어요.

사례 2 우리 아이는 지금 2개 먹고, 나가서 아이들이랑 다 놀고 나면 다 먹기로 했어요. 우리 아이는 워낙 먹는 것을 좋아해서 바로 먹어야 하는데, 지금 다 먹을 수 없다니까 그나마 타협한 거예요. 그런데 평소 같으면 1시간도 더 놀 아이가 10분도 안 되서 돌아와서 다 놀았다고 사탕을 먹겠다고 하더라고요. 그래도 저는 만족해요. 그 자리에서 다 먹어 버리지는 않았잖아요.

사례 3 우리 아이는 안 먹고 사탕 1개만 들고 나갔어요. 나중에 와서 먹겠다고 하고 구체적으로 몇 개 먹을지는 정하지 않았지요. 아마 우리 아이 특성상 아무래도 아끼느라 먹지 못할 거예요. 우리 애는 소중하다고 생각되면 아끼느라고 가지고만 있어요. 먹고 싶어도 참고요. 그래서 계속 사탕 잘 있는지 확인만 하더라고요.

사례 4 우리 아이는 집에 가서 누나하고 같이 먹을 거라고 하네요, 웬일인지. 여기 다른 사람들이 많아서 그런가? (이때 아이가 엄마한테 와서 빨리 집에 가자고 한다. 아마도 집에 가서 누나를 만나야 선물을 먹을 수 있기 때문인 것 같다.)

사례 5 지금 1개 먹었고 놀이가 끝나면 1개 더 먹기로 했는데……. (아직 아이들 놀이가 끝나지 않았는데 중간에 엄마 옆에 와서 앉고는 엄마에게 기대고만 있다. 사탕 달라는 말은 하지 않지만 엄마 옆에 앉아서 엄마를 보고 있다.)

한 아이가 울면서 들어왔다. 자신의 젤리 과자를 다른 아이가 뺏어 먹었다는 것이다. 뺏은 아이를 불러 자초지종을 들어보니 자신이 가지고 있던 귤과 바꾸기로 해서 바꾼 것이라고 주장한다. 뺏긴 아이는 자기가 싫다고 했는데도 상대 아이가 억지로 귤을 주고는 젤리 과자를 가져갔다고 하였다. 나머지 아이들의 경우는 유아 활동이 다 끝난 후에 엄마에게 사탕을 가져갔고, 엄마들은 약속대로 활동을 마무리했기 때문에 자녀에게 선물을 주었다.

이 상황을 정리해 보면, 자녀들이 평소와 다르게 선물을 맡겨 놓은 엄마에게 자주 온 것은 선물에 대한 욕구가 강하기 때문이다. 따라서 부모들은 그들이 원하는 기준이 아니라 평소 자녀들의 특성에 맞추어 규칙이나 행동의 범위를 제시하고 결정하도록 도와주어야 한다. 예를 들면, 집에 가서 누나들과 함께 나누어 먹는다는 결정은 그 자녀가 지킬 만한 것일까? 아마도 선물을 받은 기분에 그리고 칭찬을 받아서 자녀는 자신이 알고 있는 한에서 정답을 이야기했을 것이다. 이 정답은 평소 엄마가 제시한 행동 규칙이나 올바른 행동 지침일 확률이 높다. 그러나 엄마가 원하는 규칙이 아니라 자녀의 수준에서 실행 가능한 규칙을 정하는 것이 중요하다. 따라서 이 경우에는 다른 친구들이 그 선물을 하나씩은 먹고 있기 때문에 적어도 그 자녀도 지금 하나는 먹도록 권유하는 것이 더 실행력을 높였을 것이다. 그리고 자녀가 집에 가서 누나들과 나누어 먹는다는 것을 선택한다면 집에 갈 때까지 많이 기다려야 함을 자녀에게 알려 주고, 그 방법보다는 지금 자녀가 몇 개를 먹을 수 있고 나머지는 집에 가서 먹는데 누나에게 나누어 줄 수 있는 범위를 제시해 준다면 자녀가 자신의 선택을 실행하기 더 수월했을 것이다.

〈사례 2〉의 엄마는 먹는 것을 좋아하고 음식을 놓고 기다리지 못하는 자녀의 특성을 잘 반영하여 놀이가 다 끝나면 먹을 수 있도록 범위를 잘 결정하였다. 그런데 자녀가 아직 놀이가 끝나지 않았는데 선물을 받으러 왔으므로 엄마와 함께 결정한 자신의 선택에 대해 책임지지 않으려는 태도를 보인 것이다. 이런 경우 부모는 자녀 스스로 선택하였음을 다시 확인시키고 자신의 선택을 반드시 이행하도록 격려하여야 한다. 따라서 놀이를 다 끝내고 선물을 먹기로 한 규칙을 다시 한 번 이야기해 주고 남은 놀이가 끝나면 다시 오게 하여야 한다. 자녀는 안타깝겠지만 스스로 선택한 결정이므로 엄마의 이야기에 따라 다시 친구들과 놀러갔다가 나중에 엄마에게 자랑스러운 얼굴로 나타날 것이다. 자신이 선택한 결정을 책임지고 완수한 자신의 모습이 대견하기 때문에. 이때 엄마는 자녀가 약속을 지킨 것에 대해 칭찬과 격려를 해 주고 약속대로 선물을 주면 된다. 이런 경험들이 쌓이면 자녀들은 점차 부모가 제시한 범위 내에서 신중하게 의사결정을 하게 된다. 자신이 선택한 것에 대해서 반드시 책임을 져야 한다는 것을 경험으로 알기 때문이다. 아울러 자신의 선택을 책임지면서 스스로에 대한 만족감을 갖게 되고 자신의 일을 스스로 선택하는 권리와 그에 따른 책임감을 배우는 것이다.

⑤ 중심 개념 2: 자녀가 혼자놀이에 집중하도록 격려하기

부모-자녀 관계에서 애착의 질이 안정적이지 못한 아이의 특성 중 하나는 산만하고 집중하지 못하는 성향을 보인다는 것이다. 이로 인해 일상생활에서 여러 가지 문제가 발생하기도 한다. 학습에 집중하지 못해서 학업능력이 낮기도 하고, 다른 사람의 지시나 설명에 집중하지 못해서 대인관계의 어려움을 경험할 수도 있다. 또한 산만한 특성으로 인해 교육기관에서 다른 아이들과 함께 생활하는 데 많은 어려움을 겪을 수도 있으므로 집중력을 높이도록 노력할 필요가 있다.

아이들의 집중력을 높이는 가장 좋은 방법은 '놀이'다. 아이들은 자신이 즐거워하는 놀이를 하게 되면 그 즐거움에 빠져 자연스럽게 놀이에 집중하게 된다. 흔히 주변에서 엄마가 읽으라는 책을 주면 집중하지 못하고 왔다 갔다 하거나 옆 사람 참견하느라 책 읽기가 안 되지만 아이가 좋아하는 게임을 할 때는 아무리 아이를 불러도 듣지 못하는 경우가 많다. 이와 같은 아이들의 특성에 따라 아이의 집중력을 높이기 위해서 먼저 놀이에 집중하도록 하는 방법이 효과적이다.

우선 자녀에게 지금 가장 놀고 싶은 놀잇감을 한두 개만 고르도록 한다. 그리고 자녀가 고른 놀잇감이 부모가 생각하기에도 요즘 자녀가 관심을 보이고 자주 놀이하는 놀잇감인지 확인하도록 한다. 만약 부모 생각에 자녀의 흥미에 적합하지 않은 놀잇감을 골랐다면 부모가 생각하는 자녀의 흥미에 적절한 놀잇감을 하나 더 추가로 선택하도록 한다.

그다음에는 가능한 한 다른 사람들의 방해를 받지 않는 개방된 공간(거실의 한쪽 구석이나 아이 방이라면 방문을 열어 놓도록 한다)을 지정해 주고 그곳에서 '혼자놀이'를 하게 하되, 부모가 일정 시간을 정해 주도록 한다.

'혼자놀이'의 규칙은 자녀가 선택한 놀잇감을 가지고 혼자서 놀이를 하되, 주변 사람이나 다른 사람에게 말하지 않고 정해진 시간(처음에는 30분 정도부터 시작하도록 한다) 동안 혼자서 자신의 놀이에 집중하는 것이다. 엄마나 다른 가족들에게 질문을 해서도 안 되며, 가족들의 일에 참견하거나 공간을 이동할 수도 없다.

엄마가 정해 준 시간 동안 자녀가 혼자서 집중하여 놀았다면 엄마는 이를 칭찬하고 격려해 주고, 자녀의 혼자놀이에 대한 상을 주어도 된다. 매일 1회 이상 '혼자놀이'를 실행하도록 하며 점차 놀이시간을 늘릴 수 있다. 만약 자녀가 이미 혼자서 놀이에 잘 집중하고 있다면 그것을 격려하고 칭찬하며 매일 일정 시간 혼자서 놀이에 집중하도록 관리한다. 이와 같이 혼자놀이에 집중하기 훈련이 많이 이루어지면 이후 학습 집중력도 높아질 수 있다.

⑥ 양육 워크북 : 자녀와 함께 웃음 만들기

6회기 양육 워크북 주제는 '자녀와 함께 웃음 만들기'다. 이 프로그램에 참여한 부모와 자녀들은 새롭게 실행해야 하는 과제들이 점차 많아져서 조금 부담스러울 수 있다. 이런 심리적 부담을 덜기 위한 방법들을 제공할 필요가 있다.

첫째로는 모든 가족이 함께 아주 신나게 웃을 수 있는 기회를 갖도록 한다. 크게 웃으면 긴장감을 해소할 수 있을 뿐만 아니라 가족끼리 친밀감이 높아질 수 있다. 일반적으로 우리는 많은 사람들과 관계를 맺고 살지만 자신에게 '의미 있는 사람'과의 관계가 자신의 행복에 가장 많은 영향을 주기 때문이다. 자녀에게 의미 있는 사람은 바로 엄마와 아빠이고, 부모에게 가장 의미 있는 사람은 자녀와 각각의 배우자일 것이다. 따라서 온 가족이 함께 신나게 웃었던 경험과 추억은 다른 사람과의 추억보다 더 강하게 각각의 가족 구성원에게 긍정적인 영향을 줄 수 있다. 온 가족이 신나게 웃는 일은 가능하면 아빠가 담당하도록 한다. 아빠들은 보통 회사일로 늦거나 자녀를 돌보는 일 대부분을 엄마가 하기 때문에 자녀와 함께하는 시간과 경험이 부족해서 자녀와 소원하기 쉽다. 그동안 자녀에게 엄하고 무섭기만 했던 아빠라면 아빠의 유머 능력을 보여줌으로써 자녀와 관계를 재구성할 수 있는 기회가 된다. 서툴지만 아빠가 온 가족을 웃기기 위해 노력하는 모습에서 가족 모두가 즐거울 수 있고, 이 모습을 보고 손윗 형제들이 새로운 웃음거리를 제공하기도 하여 온 가족이 아주 즐거운 시간을 보낼 수 있다.

둘째로는 아침에 일어나자마자 상쾌한 음악을 틀어 온 가족이 즐겁게 아침준비를 하도록 하거나 일과가 모든 끝난 저녁에 평온하고 행복한 느낌의 음악을 들으면서 모든 가족이 정서적 긴장을 해소할 수 있도록 한다. 온 가족이 좋아하는 간식을 먹으며 이야기 하는 것도 좋다.

이와 같이 가족의 생활 속의 긴장감을 해소할 수 있는 방법들을 찾아서 실행하고 이를 통해 건강한 생활을 유지하도록 한다면 일상생활에서 불필요한 갈등이나 분쟁을 줄일 수 있을 것이다.

⑦ 과제

- 일상생활에서 자주 나타나는 문제 상황을 목록화하도록 한다. 그리고 그중에서 가장 시급하게 수정해야 할 것을 10개 미만으로 고르고 각 문제 상황에 따른 규칙과 자녀의 행동 범위를 결정하도록 한다.
- 일주일 동안 자녀의 행동이나 문제 상황을 해결하기 위해 자녀에게 규칙을 알려 주고 선택권을 주었던 경험을 기록해 오도록 한다.
- 부모-자녀 놀이시간, 자녀의 명상하기 놀이시간, 자녀 혼자놀이 시간을 매일 꾸준히 했는지 기록표를 정리해 오도록 한다.
- 양육 워크북에 제시된 내용대로 자녀와 온 가족이 함께 웃었던 일, 자녀를 웃게 하기 위해 부모가 노력했던 일을 제시된 활동지에 기록해 오고, 음악 감상을 통해 자녀와 기분 좋아졌던 일도 활동지에 기록해 오도록 한다.

양육 워크북

6회기: 자녀와 함께 웃음 만들기

웃음은 심장박동 수도 낮추고 혈압도 낮추며 천연 진통제인 엔도르핀의 분비를 간접적으로 조장하여 건강한 생활에 도움이 됩니다. 이런 웃음의 효과는 부모-자녀 관계에서 애착에 문제가 있는 아이와 부모에게도 활용할 수 있고 도움이 될 수 있습니다. 벤튼(2006)은 웃음이 살균 기능을 가진 T세포를 활성화시킴으로써 병에 대한 면역성을 증가시켜 치명적인 병을 고칠 수 있다고 하였습니다. 이처럼 웃음은 많은 아픔을 해결해 줄 수 있답니다.

그런데 부모-자녀 애착에 문제가 있는 가정에서는 웃음소리가 거의 들리지 않는 경우가 많습니다. 이것은 그만큼 그 가정이 많이 아프고 힘들다는 것을 나타내는 것이지요. 따라서 애착에 문제가 있는 자녀를 양육하는 가정일수록 '웃음'을 되찾는 일이 가장 시급하다고 할 수 있습니다.

이를 위해 부모는 억지로라도 '웃음'을 찾기 위한 방법들을 계획하여 모든 가족이 마음껏 웃는 경험을 자주 갖도록 해야 합니다. 그래야만 엄마, 아이, 다른 모든 가족들이 치유되고 문제로부터 예방되고 건강해지기 때문입니다.

'웃음'을 만드는 방법

1. 적어도 일주일에 1회 이상 우스꽝스러운 상황을 연출하세요. 주로 여유 있는 토요일이나 일요일 또는 공휴일에 하시면 좋습니다.

2. 집에 가족들이 있는 시간에 가능한 한 기분 좋은 음악이 배경음악이 되도록 틀어 주세요. 특히 모차르트 음악은 사람의 마음을 열어 진정시키는 효과가 있고, 기억력과 문제 해결력이 향상된다는 연구결과도 보고되었습니다. 따라서 가정에서, 자동차를 타고 가는 동안에 모든 가족들이 음악을 들을 수 있도록 노력해 주세요.

활동지 1: 우스꽝스러운 상황 만들기

예

상황	설명
엄마/아빠 중 1명이 아침식사 시간에 얼굴에 검은색 테이프로 수염을 만들어 붙이고 나타나기	엄마/아빠가 검은 테이프로 수염을 붙여 아이가 아침부터 웃을 수 있도록 해 줍니다.
아빠의 앞머리를 아기 머리 묶듯이 분수머리로 묶고 나타나기	남자인 아빠가 분수머리를 하는 우스꽝스러운 모습을 통해 아이가 웃을 수 있도록 할 수 있습니다.
즐겁게 본 개그 프로그램의 한 장면 흉내 내기	개그 프로그램을 보고 먼저 모델을 보여 준 뒤 아이에게 따라 하기를 유도하여 함께 웃으면서 활동할 수 있습니다.
가족 구성원이 돌아가면서 개인기를 연습해서 발표하도록 계획하기	정기적인 계획표를 준비하여 어느 날에 누가 발표할 것인지를 정하고, 그에 따라 돌아가면서 해 봅니다.
가족들이 모여 게임하고 벌칙받기	스피드 퀴즈, 간단한 게임 등을 통해 즐거움을 상승시키고, 벌칙도 우스꽝스러운 것으로 정하여 더욱 웃음을 자아낼 수 있도록 합니다. 벌칙의 예) 엉덩이로 이름 쓰기, 영구 흉내 내기, 가족들이 웃을 때까지 춤추기, 재미있는 표정으로 가족 중 1명 웃기기
다른 가족에게 간식 먹여 주기 게임	손가락에 끼울 수 있는 과자 등을 이용하여 놀이 형식으로 서로의 손에 끼워진 간식을 먹여 주는 활동입니다.

상 황	설 명

활동지 2: 우리 집 일주일 웃음 체크리스트

매주 우스꽝스러운 상황을 연출해 활동했으면 ○에 체크를, 하지 않았으면 ×에 체크를 해 주시면 됩니다.

날짜	확인	날짜	확인
월 짜주	(○ / ×)	월 짜주	(○ / ×)
월 짜주	(○ / ×)	월 짜주	(○ / ×)
월 짜주	(○ / ×)	월 짜주	(○ / ×)
월 짜주	(○ / ×)	월 짜주	(○ / ×)
월 짜주	(○ / ×)	월 짜주	(○ / ×)
월 짜주	(○ / ×)	월 짜주	(○ / ×)
월 짜주	(○ / ×)	월 짜주	(○ / ×)
월 짜주	(○ / ×)	월 짜주	(○ / ×)
월 짜주	(○ / ×)	월 짜주	(○ / ×)

활동지 3: 음악 감상하기

❶ 거실에 음악을 들을 수 있는 기기를 준비합니다.

❷ 아침에 일어나자마자 음악을 틀고 시작하세요.

❸ 집에 돌아오면 제일 먼저 음악을 틀어 주세요(TV는 되도록 틀지 않는 것이 좋습니다).

☺ 참고할 수 있는 음악 목록

대표적인 음악 앨범: 모차르트 앨범
그 외,
크라이슬러 – 아름다운 로즈마린
비발디 – 사계 중 봄 1악장
요한 스트라우스 – 봄의 왈츠
브람스 – 헝가리안 댄스 5번
베버 – 무도회의 권유
보케리니 – 미뉴에트
드보르작 – 유모레스크
비제 – 아를르의 여인
주페 – 시인과 농부 서곡
글린카 – 루슬란과 루드밀라 서곡
로시니 – 세빌리아의 이발사 서곡
베토벤 – 교향곡 7번 A장조 Op. 92
차이코프스키 – 호두까기 인형
쇼팽 – 강아지 왈츠
모차르트 – 오보에 협주곡
거쉬인 – 랩소디 인 블루
드뷔시 – 기쁨의 섬

☺ 가정에서 사용한 음악 목록과 시간기록표입니다. 활용해 보세요.

사용한 음악 이름	사용한 장소	사용한 시간

☺ 활용 예

사용한 음악 이름	사용한 장소	사용한 시간
모차르트 – 오보에협주곡	거실	아침에 일어나서
베토벤 – 교향곡 7번 A장조 Op. 92	은혜 방	취침 전

7) 7회기: 자녀의 자아존중감 높이기

(1) 운영 개요

① 목표

- 지난주 과제 점검을 통해 각자의 경험을 나눈다.
- 자녀와 함께 놀이하는 것에 대한 자신감을 갖도록 한다.
- 부모와 자녀가 즐거운 경험을 함께 하는 기술을 습득하고 이를 지속적으로 하도록 한다.
- 자녀의 자아존중감을 높이도록 도와주는 부모의 역할을 숙지한다.

② 준비내용

- 컴퓨터, 빔프로젝터, 이름표, 종이, 연필
- 간단한 다과 및 차
- 모든 구성원이 가능한 한 둥글게 앉도록 한다.

③ 진행방법

- 맞이하기
- 과제 점검
- 중심 개념 안내: 자녀의 자아존중감을 높이는 부모 역할
- 활동: 부모-자녀 놀이 – [좋은 점 찾기, 칭찬하기 보드게임]
- 양육 워크북 소개: 자녀와 즐거운 경험 만들기
- 과제 공지

(2) 7회 프로그램 진행

① 맞이하기

안내자는 도착하는 부모들과 아이들을 반갑게 맞이하고, 지난 한 주 동안 잘 지냈는지, 특별한 일은 없었는지 등을 확인한다. 그리고 지난주에 가정에서 행했던 '웃음 만들기' 활동과 '자녀 혼자놀이 시간'에 대한 경험을 나누어 보도록 한다. 특히 '자녀 혼자놀이 시간'의 경험들을 토대로 이전에 비해 자녀의 집중능력이 좋아졌음을 확인해 보거나, 앞으로 더욱 향상될 것을 기대하도록 한다.

② 과제 점검

'자녀와 함께 웃음 만들기' 점검하기

지난 6회기 양육 워크북에 제시된 대로 자녀와 온 가족이 함께 웃었던 일, 자녀를 웃게 하기 위해 부모가 노력했던 일, 음악 감상했던 일을 기록했던 활동지를 함께 보면서 즐겁고 기분 좋았던 경험들을 나눈다.

사례 1 저희는 늘 아침 혹은 저녁마다 거실에 음악을 틀어놓아요. 클래식 음악 나오는 라디오를 틀어 놓고 듣고 있어요. 아이가 듣는지는 모르겠지만. 그래도 들을 거라고 믿어요.

다른 엄마　아마 들을 거예요. 저희도 그랬는데, 어느날 아이가 어떤 장소에서 음악이 나오니까 '어! 우리집에서 듣던 음악이다!' 라고 하더라고요.

사례 2 아빠가 많이 노력했어요. 아빠가 자기 배에 제 립스틱으로 사람 얼굴을 그리고 음악에 맞추어 배를 움직이다가 웃는 얼굴, 우는 얼굴 등 이상한 얼굴 표정처럼 배 모양을 만드는 거예요. 애들이 모두 깔깔 웃다가 넘어졌어요. 동영상도 찍어 놓았다니까요. 모처럼 크게 웃었더니 아이들도 저도 정말 즐거웠어요.

사례3 저는 제가 요즘 유행하는 드라마 주인공을 흉내 냈어요. 주인공이 자주 사용하는 말을 연습해서 흉내 냈는데, 애들 아빠하고 아이들이 하나도 안 똑같다고 마구 놀리면서 웃더라고요. 일단 웃겼으니 성공했죠. 그리고 아이들과 아빠가 자신들이 더 잘 흉내 낸다고 열심히 따라 하고 연습해서 그때마다 웃게 돼요. 제가 웃기는 계기를 만들어 주었더니 가족들이 만나기만 하면 흉내를 내면서 웃게 되네요. 그래서 저녁시간이 좀 즐거워졌어요. 또 하나는 아이를 훈육해서 무거운 분위기였는데 누군가 흉내 내기를 하니까 다시 웃게 되어 좋더라고요.

사례4 저는 음악을 아이 잘 때 틀어 주기로 했어요. 아침이나 저녁에 들려주기는 하는데, 제가 보기엔 아이가 음악에 집중하지 않아서 효과가 없을 것 같아요. 그래서 잠들기 전이라도 좀 들으라고 잠잘 시간에 눕히고 음악을 틀어 놓았어요. 그랬더니 잠투정 없이 편안하게 자는 것 같더라고요.

사례5 저는 제가 웃길 재주도 없고 아빠도 안 한다고 해서 큰아이들에게 시켰어요. 일요일 아침 먹고 나서 우리 가족들을 가장 많이 웃게 만드는 사람에게 상품이 있다고 이야기했지요. 초등학생 형이 2명이 있는데 처음에는 안 하겠다고 반항하다가, 아빠가 좋은 상품을 내거니까 난리가 났어요. 한 녀석은 개그맨 흉내를 냈고, 한 녀석은 마술을 준비했더라고요. 마술반 친구한테 부탁해서 배웠다고. 너무 열심히 준비해서 결국 둘 다에게 상을 주었지요. 아이들이 또 하자고 해서 또 하려고요.

사례6 우리는 사전에 그런 이야기는 하지 않고, 갑자기 식구들 모아 놓고 누가누가 웃기는지 해 보자고 했어요. 막내가 가장 많이 웃겼는데, 어린아이가 개다리 춤을 추니까 정말 웃기더라고요. 그래서 저도 막내를 따라 했고, 그래서 또 가족들이 웃고. 그날은 모든 가족이 개다리 춤을 추었지요.

사례 7 저는 못했어요. 그래서 좀 속상했어요. 시도는 했는데 가족들이 협조해 주지 않아 어설프게 웃지도 못하고 끝나서……. 정말 속상해서 가족들 원망을 많이 했어요. 그런데 여기 다른 엄마들 이야기 들어보니까 엄마들이 노력하고 망가졌다는 것을 알게 되었네요. 결국 내가 좀 더 웃기려고 하지 않은 것이네요. 오늘 여러 가지 방법을 배웠으니까 집에 가서 해 보면 될 것 같아요. 다들 즐겁게 웃었다니 부러워요.

사례 8 저희는 평소에 아빠가 자주 웃겨요. 영구 흉내도 내고, 아이들 간지럼도 태우고, 어디서 들었는지 재미있는 이야기도 자주 해 주고. 그래서 아빠가 함께 있으면 자주 웃는데, 아빠가 없으면 웃지 않게 되더라고요. 아빠가 웃겨주니까 저는 안 해도 된다고 생각했는데, 오늘 다른 엄마들 이야기 들어보니까 저도 해야겠다는 생각이 드네요. 제가 웃기면 아이들도 따라 할 것이고, 그러면 아빠가 없어도 자주 웃을 수 있어서 좋을 것 같아요. 엄마는 참 할 일이 많네요, 웃기기까지 해야 하고.

'자녀에게 선택권 주기' 점검하기

일상생활에서 자주 나타나는 문제 상황과 그에 대한 각 가정의 규칙과 자녀에게 제시하는 범위에 대한 경험을 나눈다. 그리고 지난주에 자녀에게 선택권을 주었던 일이 있었으면 그것도 함께 나눈다.

사례 1 동생하고 늘 싸우는 큰아이가 이번에도 손님이 사온 과자를 가지고 싸웠어요. 선물받은 과자니까 똑같이 나누어 먹으라고 했지요. 그랬더니 하나씩 나누다가 과자 한 조각이 남았어요. 큰 것도 아니고 정말 손톱만한 과자인데, 그것을 어떻게 해야 하느냐고 해서 너희 둘이 정하라고 했지요. 그랬더니 엄마를 줄까, 아님 아빠를 줄까 하면서 난리를 치더니 칼을 갖다가 그 작은 과자 반을 자르는 거예요. 어찌나 화가 나던지.
애가 왜 그리 치사할까요? 그 작은 조각 하나 동생 주면 큰일 나는지……. 그래서 제가 불러서 너는 큰애니까 동생을 주면 되잖아 했더니 안 된대요. 그래서 결국 칼로 잘라 주었어요.

엄마 1　당연히 화나죠. 그 손톱만한 것을 자르고 있으니. 그렇게 양보 안 하는 큰아이 모습은 참 밉더라고요.

엄마 2　그런데 어머님이 자녀에게 과자를 동생과 나누되, 둘이 알아서 결정하라고 하셨잖아요. 그래서 아이들은 똑같이 나누는 방법을 선택한 것 같아요. 그리고 그 기준에 따라 남은 한 조각까지도 똑같이 반으로 나누어야 한다고 생각한 거죠. 저는 아이들이 잘했다고 생각돼요.

사례 1 엄마　저는 큰아이의 그 쩨쩨함 때문에 짜증났어요.

엄마 2　자녀에게 선택권을 주셨으니 자녀가 의사결정을 한 것은 무엇이든지 엄마가 인정해 주어야 하지 않을까요? 그리고 만약에 큰아이이기 때문에 1개 남은 과자를 키도 몸무게도 더 큰 큰아이가 먹겠다고 할 수도 있는 거예요. 그런데 아이는 자신의 선택권을 철저히 지킨 것이니까 잘한 거라고 생각해요.

사례 1 엄마　맞아요. 우리 큰아이는 자신이 결정한 것은 정말 철저해요. 자기가 숙제를 지금 하기로 했으면 누가 맛있는 거 사오더라도 자기 것 남겨 놓으라고 하고 숙제를 하고 와서 먹어요. 자기가 하기로 한 일이 있으면 가족들이 모두 외출한다고 해도 자기 혼자 집에 있겠다는 아이예요.

엄마 3　우와, 정말 큰 장점이네요. 그리고 그 장점에 따라 약속을 정말 잘 지키네요. 좋으시겠어요.

사례 2 아침마다 늦어요, 우리 집은. 아이를 태울 버스는 아파트 앞에 와 있는데, 아이는 옷도 안 입고 밥도 안 먹었고. 그래서 이번에는 시계를 보여 주면서 바늘이 이 숫자에 올 때까지 씻고 옷을 안 입으면 밥을 못 먹을 거라고 했어요. 그리고 아침으로 아이가 가장 좋아하는 음식을 준비했지요. 마음에 드는 음식이니까 좀 빨리 준비해 보려고 했는데 결국 시간을 못 맞추어서 먹지 못하고 유치원에 갔어요. 처음에 규칙을 알려 주어서 그런지 화는 내지 않았지만 많이 속상해하면서 갔어요. 저도 마음이 안 좋더라고요, 노력했는데도 아쉽게. 그래서 다음 날은 조금 일찍 깨웠어요. 전날보다 10분 정도 일찍. 그래서 성공하고 맛있게 아침을 먹고 갔답니다.

사례 3 우리 집은 밥 먹기 전에 놀던 장난감 치우는 거예요. 저는 아이와 그 장난감을 식탁에 들고 오지 않는 것으로 매번 실랑이해요. 그래서 제가 저녁 준비할 때 상 차리기 10분 전에 장난감을 다 치우고 와서 엄마를 도와 식탁에 숟가락을 놓도록 했어요. 아이가 처음에는 싫다고 하더라고요. 그래서 저녁 밥을 먹기 위해서는 반드시 그렇게 해야 한다고 말하고, 저녁을 먹지 않으면 저녁식사 후에 장난감을 가지고 놀 수 없다고 했어요. 우리 아이는 먹는 것보다 장난감이 더 좋거든요. 좀 찡찡거렸지만 제가 단호하게 이야기하니까 아이도 맘을 접었나 봐요. 10분 전에 제가 아이에게 장난감을 치우게 했고, 아이는 장난감을 치운 후에 숟가락을 놓았어요. 아이가 저를 도와서 상 차리는 것을 보고 아빠가 많이 칭찬해 주었더니, 아이 기분이 좋아졌답니다. 그래서 장난감 분쟁 없이 저녁을 먹게 됐어요. 하지만 여전히 장난감을 가지고 놀고 싶어서 밥을 대충 먹는 것 같아요.
그리고 제가 스스로 생각해도 예전보다 훈육을 좀 잘하는 것 같아요. 그냥 이것은 절대 안 된다고 생각하고 이야기하거든요. 예전에는 사실 '아이가 조르면 어떻게 하지?'라는 약한 마음이 있었나 봐요. 예전보다 아이에게 무섭게 이야기하거나 화내듯이 이야기하지 않아요. 그래도 아이가 제가 단호하게 말하면 잘 따르는 것 같아요.

사례 4 우리 아이는 집에서는 얌전한 편이고 제가 말하면 잘 듣는 편인데, 밖에 나가면 180도 달라져요. 사람들 말이 그렇게 아이들을 몰고 다니고 공격적이라네요.
집에서야 막내이고 형한테 꼼짝 못하거든요. 또 집에서 남을 괴롭히는 행동을 하면 저한테 혼나지요. 그리고 제가 늘 그래요, 다른 친구들 괴롭히면 안 된다고. 그러면 알겠다고 말은 해요. 말을 하는 것은 그게 나쁘다는 것을 알고 있다는 증거겠지요. 그런데 밖에 나가서 자꾸 그렇게 행동한다고 주변 엄마들이 그러니까 걱정되네요.

엄마 1 집에서 보이는 행동에 대해서 어머님이 일관성 있게 훈육하셨다면 자녀에게 충분히 훈육이 되었을 거예요. 그리고 밖에서 아이의 행동은 엄마가 직접 본 것이 아니니까 훈육하기가 좀 애매한 것 같아요. 자녀의 행동에 대한 훈육은 되도록 그 행동이 발생한 그 자리에서 엄마인 내가 직접 보고 훈육해야 되는 것 같아요. 그래야 아이들한테 설득력이 있더라고요.

사례 5 저희 아이는 너무 말을 안 하는 것이 힘들어요. 화가 났거나 속상할 때 말을 해 주면 좋겠는데 표정으로만 말하고, 제가 물어도 아무 말도 안 해요. 그래서 그냥 두면 어찌나 서럽게 우는지……. 큰 소리로 울지는 않아요, 그런데 흐느끼듯이 울고 있으니 제 속이 답답하죠. 그래서 매번 제가 아이를 달래면서 아이가 왜 속상한지 추측하면서 오히려 제가 이야기했거든요. 동생이 괴롭혔니, 친구랑 싸웠니 하면 아이는 고개로만 대답해요. 아주 속이 터지죠. 그것도 그렇고, 아이가 울기 시작하면 가족들이 모두 기분이 안 좋아지니까 정말 싫어요. 그 징징거리는 울음소리를 들으면 머리가 아프기도 해요.

엄마 1 지난 번에 배운 선택권 주기를 해 보면 어때요?

사례 5 엄마 해 봤지요. 동생이 자기 물건을 가지고 달아나니까 저를 쳐다보면서 울기 시작했어요. 그래서 동생이 물건을 가져간 것에 대해서 속상한 마음을 인정해 주었어요. 그리고 그렇게 울기만 하면 네가 왜 우는지 엄마가 알 수 없으니까 방에 들어가서 다 울고 나서 엄마한테 이야기하라고 했어요. 그러고는 방에 들여보내고 시끄러워서 방문을 닫았는데, 계속 울기만 하고 나오지 않는 거예요. 그래서 결국은 제가 방에 들어가서 왜 우는지, 뭘 원하는지 이야기하고 말았어요. 제가 또 아이한테 진 것이지요.

엄마 2 아이의 울음은 엄마를 참 힘들게 하지요. 울음소리를 들으면 마음이 안정되지 않잖아요.

엄마 3 지금 이 상황에서 문제행동은 무엇일까요? 아이가 울음으로 의사소통하려고 한다는 거예요. 이런 경우 어떤 범위의 행동들을 제시하고 아이에게 선택하게 할 수 있을까요? 예를 들어 볼게요. 우선 울면서 이야기하면 네가 무슨 말을 하는지 모르겠다고 하면서 울음을 그치고 이야기하도록 격려하는 거예요. 그리고 아이가 울음을 그칠 때까지 좀 기다리세요. 또 엄마는 울면서 이야기하는 것이 싫으니까 방에 들어가서 다 울고 나오라고 할 수도 있어요. 그러면 아이 울음소리로부터 좀 멀어질 수 있기 때문에 아이에 대한 감정을 정리할 수 있지요. 다른 방법은 울음을 그치면 이야기할 수 있다고 말하고 아이가 울음을 그칠 때까지 반응을 보이지 않는 거예요. 이런 걸 적용해 보면 좋을 것 같아요.

'자녀의 혼자놀이' 점검하기

정해진 혼자놀이가 잘 운영되었는지를 점검해 보면, 대부분의 경우 자녀가 좋아하는 놀이이기 때문에 자녀의 집중하기가 잘 된 편이라고 한다. 자녀가 좋아하는 놀이를 하도록 하되, 컴퓨터 게임이나 TV 또는 동영상 보기는 허용되지 않는다는 것을 다시 한 번 강조한다. 컴퓨터 등의 놀이는 자녀가 스스로 생각하고 구성하면서 놀이하는 것이 아니라 눈앞에서 펼쳐지는 영상을 따라가는 것이므로 자녀 스스로 집중하기보다는 영상에 의해서 집중되기 때문이다.

종종 혼자놀이를 하기보다 엄마나 다른 사람과 함께 놀려고 하는 자녀들이 있다. 이 경우 개방된 공간에서 혼자 놀이하도록 하고, 엄마는 좀 떨어진 곳에서 자신의 일을 하면서 가끔씩 지켜보고 정해진 시간 동안은 혼자 놀아 보게 해야 한다. 이는 자녀가 스스로 놀이를 구성하고 전개하는 과정에 집중하고 즐기도록 하기 위해서다. 자녀가 놀이하는 중간중간 엄마를 찾거나 엄마를 부르게 되면 간단히 응대만 해 주고 자녀의 놀이에 참여하지 않도록 한다. 예를 들면, 자녀가 자신이 만든 구성물이나 작품을 보여 주겠다고 부르면 놀이시간 끝나면 보여 줄 것을 제안하고 계속해서 혼자놀이를 할 것을 격려하도록 한다. 또는 자신의 놀이 구성 중에 결정할 사항을 엄마나 다른 가족에게 질문하면 마음대로 하라고 간단히 대답하고 혼자놀이에 집중하도록 격려한다. 항상 누군가와 함께 놀았던 자녀들은 처음 혼자놀이를 하는 것이 어색하거나 낯설 수 있지만, 좋아하는 놀이이기 때문에 곧 익숙해지고 더욱 즐길 수 있게 된다. 자꾸 다른 사람의 반응을 찾는 경우가 있는데, 이것은 그동안 자녀가 무엇을 하든지 부모나 다른 사람의 반응을 통해 자기 확신을 갖는 습관이 형성되었기 때문일 수 있다. 물론 자녀의 행동에 대한 부모의 반응이 중요하지만, 놀이 상황은 진짜 실생활이 아닌 가상의 상황이므로 반드시 부모를 통한 확신이 있어야만 하는 것은 아니다.

가상 상황인 놀이에서 자녀는 자기 마음대로 권리를 누리고 상상해 보는 경험을 통해 자기 주도적인 구상능력과 해결능력을 발전시킬 수 있다. 놀이 상황이 가상 상황이므로 실제로는 불가능하다는 것을 알고 있기에 놀이 상황에서의 일을 실생활에 적용하지 않을 것이다.

정해진 자녀의 혼자놀이시간이 끝나고 나면 자녀가 부모에게 보여 주고 싶은 작품이나 결과물, 자신이 어떤 놀이를 했는지 등에 대해서 귀 기울여 들어주고 혼자서 긴 시간 동안 즐겁게 놀았다는 사실을 격려하고 칭찬해 주도록 한다. 이를 통해 자녀는 혼자놀이의 가치를 더욱 실감하게 되어 혼자놀이에 좀 더 집중하고 즐길 수 있게 된다.

③ 중심 개념: 자녀의 자아존중감을 높이는 부모 역할

자아존중감이 높은 아이가 능력 있는 아이라는 사실은 모두가 알고 있다. 그래서 요즘 부모들은 자녀의 자아존중감을 높이기 위해 리더십 프로그램 등에 참여시키기도 하고 관심이 많다. 이런 프로그램들도 자녀의 자아존중감에 도움이 되지만 무엇보다 중요한 것은 일상에서 부모가 자녀에게 잘 반응해 주고 격려해 줌으로써 자녀의 자아존중감이 아주 높고 견고하게 발달할 수 있다는 것이다.

자녀들은 자신의 일을 스스로 결정하고 그것을 위해 노력하는 과정이 힘들지만 그 과정에서 부모의 격려와 지지를 기반으로 노력하고 그에 따른 성취의 기쁨을 부모와 함께 나누면서 자신의 자아존중감을 발달시키게 된다. 따라서 자녀의 자아존중감을 높이기 위해서는, 첫째 자녀가 스스로 할 수 있는 일에 대해서는 스스로 방법을 선택하고 실행할 수 있는 기회를 주어야 한다. 자녀가 스스로 해 보겠다고 한 일이 엉뚱하고 의미 없어 보이거나 혹은 자녀의 생각대로 하면 실패할 것이 뻔하더라도, 그것이 다른 사람에게 피해를 주거나 기물을 파손하는 등 안전에 위배되는 일이 아니라면 자녀가 해 보게끔 허용하도록 한다. 자녀들은 스스로의 경험을 통해서 배울 때 가장 확실하게 배우고 동일한 실수를 반복하지 않을 수 있기 때문이다. 부모의 예상과는 달리 자녀의 선택이 바람직한 결과를 초래할 수도 있는데, 그런 경우 자녀는 스스로에 대한 자부심을 경험하면서 자아존중감이 높아지게 된다.

둘째, 자녀가 선택한 일은 스스로 노력해서 하도록 한다. 자녀가 부모에게 도움을 청하더라도 무조건 다 수용할 것이 아니라 자녀가 충분히 할 수 있다고 생각되는 부분은 자녀 스스로 하도록 한다. 자녀가 혼자 할 수 없는 부분만 부모가 도와주고 그 이외의 것들은 자녀 스스로 하는 것임을 분명히 해야 한다. 그래야만 자녀는 그 성과가 자신의 능력과 노력에 의한 것임을 인정하게 되고, 이로 인해 자아존중감이 높아지게 된다.

마지막으로 부모는 자녀가 노력하는 과정에서 좌절하거나 포기하려고 할 때 격려해 주어야 한다. 자녀는 실패에 대한 두려움이 생기면 노력하는 과정을 포기하고 싶은 마음을 갖게 된다. 따라서 부모는 자녀가 이런 두려움을 없애고 노력할 수 있는 의지를 갖도록 격려해 주어야 한다. 부모가 격려하고 지지해 주면 자녀는 성공적으로 끝까지 과정을 마무리할 수 있다. 부모가 자녀를 격려하는

데 있어 단순히 "잘할 수 있어!"와 같은 모호한 칭찬과 격려는 도움이 되지 않는다. 구체적인 격려이어야 하고, 부모가 지지하고 격려하는 자녀의 능력은 자녀 스스로도 인정할 수 있는 구체적인 것이어야 한다. 그래야 자녀가 자신감을 갖고 다시 시도해 볼 만하기 때문이다. 이런 부모의 격려와 지지를 통해 자녀가 끝까지 자신이 선택한 일을 마무리 짓게 되면, 자녀는 스스로에 대해 긍정적인 시각을 갖게 되고 성취감을 맛보면서 자아존중감이 높아지게 된다.

④ 활동 1: 부모-자녀 놀이 – [좋은 점 찾기]

이를 위해서 먼저 부모가 자녀의 장점 찾아주기를 연습해 볼 수 있는 활동을 한다. 다음에 제시된 동화를 자녀에게 읽어 주고 동화 속 주인공의 좋은 점을 부모가 자녀와 함께 찾아보도록 한다. 그리고 이어서 자녀의 장점을 찾아보는 것으로 확장하도록 한다.

동화 옛날 옛날에 엉뚱나라에 작은 갈색 강아지가 살고 있었어요. 이 강아지에게는 한 가지 문제가 있었는데, 자기 자신이 특별하다는 것을 알지 못했답니다. 담장 잘 넘고 지붕에도 쉽게 올라가는 고양이, 주인에게 젖을 주고 칭찬을 받는 소, 달걀을 주고 칭찬받는 닭이 부러웠어요. 그리고 매일 아침에 노래하는 참새의 노랫소리도 부러웠답니다. 여러분이 이 강아지에게 강아지 자신의 좋은 점을 발견할 수 있도록 도와주세요.

이 활동을 통해 자녀들이 강아지의 좋은 점을 창의적으로 찾는 것을 보면서 대견해하기도 하고, 부모도 함께 찾고 나면 자연스럽게 자녀의 장점이 떠오르게 된다. 그러면 평소에 이야기하지 않았던 자녀의 장점이나 칭찬거리들이 많이 나오는데, 이런 부모 모습을 보면서 자녀는 자신의 능력에 대한 자신감을 갖게 된다.

⑤ 활동 2: 부모-자녀 놀이 – [칭찬하기 보드게임]

[그림 2-2]에 제시된 게임판은 부모와 자녀가 서로의 장점을 칭찬하는 게임에 사용된다. 이 게임을 통해 부모는 자녀의 장점을, 자녀는 부모의 장점을 서로 격려하고 많이 찾으려고 노력하게 된다. 부모의 격려와 칭찬을 확인하게 된 자녀는 이 게임을 유난히 좋아하고 반복하기를 원하는 경우가 많다. 이런 게임과 같이 평소에도 자녀의 작은 행동이나 생각을 칭찬하고 격려하면 자녀는 점차 자신에 대해 긍정적인 이미지를 갖게 되어 자존감 높이기에 도움이 된다.

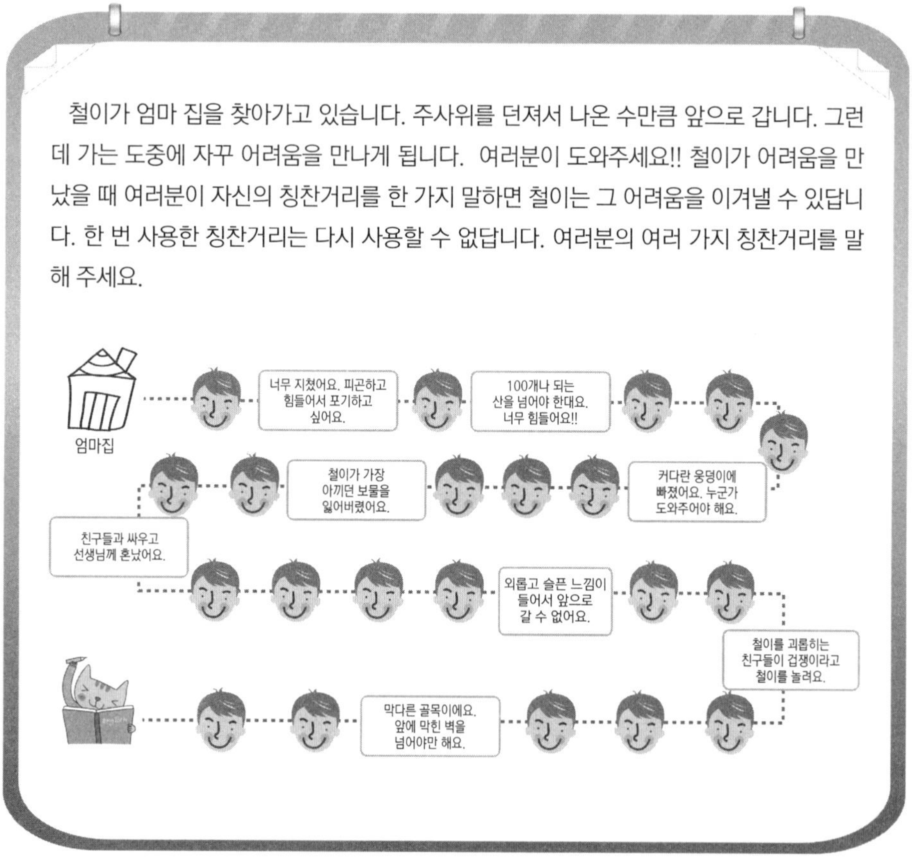

[그림 2-2] 칭찬의 미로

⑥ 양육 워크북: 자녀와 즐거운 경험 만들기

7회기의 양육 워크북 주제는 '자녀와 즐거운 경험 만들기'다. 부모와 자녀가 함께 활동을 하면서 그 과정에서 경험하게 되는 웃음과 행복을 확인하는 것이 목표다. 지난 2회기에 부모는 자녀의 거울이어야 함을 이야기하였다. 부모는 자녀의 장점과 자녀의 가능성을 비춰 주는 거울이어야 한다. 부모의 이런 반영이 자녀에게 에너지를 제공하여 자녀가 긍정적인 생각을 가지게 되고 자존감이 높아지기 때문이다. 또한 자녀와 부모가 즐겁고 행복한 경험을 함께 할수록 자녀는 부모가 자신을 믿고 사랑한다는 것을 확신하게 되기 때문에 부모-자녀 관계의 질은 안정성이 높아지며, 이와 같이 안정된 부모-자녀 관계를 형성하면 자녀의 자아존중감을 높이기 위한 부모의 칭찬과 격려의 효과는 더욱 증대된다. 우선, 일상생활에서 자녀에게 애정을 표현하도록 한다. 예를 들면, 자녀를 목욕시킨 후 몸에 오일이나 로션을 발라 주면서 자녀가 예쁘다고 표현하기, 밥 먹을 때 맛있게 상추쌈 싸서 먹여 주기 등을 통해 자녀에 대한 부모의 애정을 표현한다.

또한 부모와 자녀가 함께 요리 만들기 활동을 하도록 한다. 간단한 요리를 만들면서 자녀가 부모를 도와 요리를 만드는 과정을 칭찬 · 격려하고, 부모와 자녀가 함께 만든 음식을 다른 가족들과 함께 나누며 다른 사람을 위해 수고하는 즐거움과 보람도 경험하도록 한다. 요리 활동의 결과는 맛있는 음식이므로 다른 활동보다 어린 자녀에게 더욱 보람되고 기쁨으로 경험되기 때문에 종종 활용하는 것이 효과적이다. 단, 요리 활동을 할 때는 너무 위험하거나 복잡하지 않은 요리를 선택하고 자녀가 도와줄 수 있는 부분을 확실히 먼저 정해 놓고, 부모가 사전에 준비해 두어서 요리과정이 자연스럽게 전개되도록 해야 한다. 이와 같은 사전 준비를 통해 즐거운 요리 과정과 경험이 이루어져야 한다.

마지막으로 주말이나 휴일에는 온 가족이 함께 즐길 수 있는 게임을 하도록 한다. 단, 승부를 내기보다는 함께 즐거울 수 있도록 부모가 배려하면서 게임을 진행한다. 즐거운 경험을 통해 많이 웃게 되는데, 웃음은 자녀와 부모의 부정적인 감정이나 감정적인 상처를 잊게 하는 데 도움이 된다. 따라서 가능한 한 일주일에 한 번씩이라도 가족이 즐거운 경험을 갖도록 한다.

⑦ 과제

- 자녀와의 놀이 활동에서 처음에 제시한 규칙대로 잘 운영하고 있는지 3회기에 제시한 체크리스트에 따라 다시 한 번 확인하도록 한다. 혹시 미흡한 점이 있다면 보완하도록 한다.
- 자녀의 명상하기 활동을 정기적으로 운영하고 그 기록표를 가져 오도록 한다. 이를 통해 명상하기가 잘 진행되도록 격려한다.
- 자녀에게 보내는 칭찬편지를 써 오도록 한다.
- 자녀와 생활하면서 적어도 1회 이상 자녀를 칭찬한 상황을 정리해 오도록 한다.

양육 워크북

7회기: 자녀와 즐거운 경험 만들기

일반적으로 우리는 처음 만나는 사람일지라도 함께 게임이나 즐거운 일을 하면서 크게 웃고 나면 그 사람에 대해 조금은 더 잘 안다고 생각하면서 친밀하게 되었다고 생각합니다. 그만큼 즐거운 경험을 함께 하는 것은 서로에 대해서 호감을 갖게 하고 친밀감을 형성하면서 좀 더 잘 이해할 수 있도록 하는 효과가 있는 것이지요. 따라서 부모와 자녀가 즐겁게 웃을 수 있는 일을 함께 하는 것은 애착이 안정적이지 못한 자녀와 부모의 관계를 증진시키는 데 도움이 됩니다.

부모와 자녀가 함께 즐거울 수 있는 일은 어떤 것일까요? 뭔가 큰 이벤트를 계획하지 않고 손쉽게 할 수 있는 일들도 많답니다. 그리고 거창한 계획이나 준비 없이 할 수 있는 일이 실제로 실행하기도 쉽기 때문에 더 효과적이라 할 수 있습니다.

자녀와 함께 즐거운 시간을 갖기

다음의 절차에 따라 준비해 보세요.

1. 일주일 중 규칙적으로 반나절 정도의 시간을 계획해 보세요.

   ________요일 ________시 ~ ________시

   예 토요일 아침 10시~11시

2. 자녀의 연령을 고려해서 자녀와 함께 할 수 있는 일을 찾아보세요.

   참고하실 수 있는 일은 활동지에 제시된 바와 같습니다.

활동 1: 취학 전 연령 놀이의 예

1 아로마 오일이나 향기 나는 로션 발라 주기

엄마와 아이가 각각 서로의 손이나 얼굴, 발 등에 오일이나 로션을 발라 주세요. 이 활동은 간단한 활동이므로 일주일에 2~3번 실시하셔도 됩니다.

2 상추쌈 먹을 때 맛있게 상추쌈을 만들어 서로 먹여 주기

고기 등을 먹을 때 그냥 먹지 마시고 서로 먹여 주세요. 먹여 주고 나서는 고맙다고 인사도 해 보세요.

3 엄마랑 함께 하는 요가 또는 수영 등 문화센터 프로그램을 함께 등록해서 참여하고 즐기기

아이들이 엄마와 함께 다양한 문화센터에 참여하면서 엄마와의 활동을 즐기게 해 주세요.

4 이불로 김밥말이 놀이

이불을 준비해서 아이를 이불에 두고 돌돌 감싸고 푸는 놀이를 합니다.

5 가위바위보 해서 진 사람이 30초 동안 음악에 맞추어 춤추기

가위바위보를 한 뒤, 진 사람이 노래에 맞춰 우스꽝스러운 춤을 춥니다.

활동 2: 초등학교 저학년 놀이의 예

1 노래방에 가서 함께 노래하기

반드시 엄마와 함께 노래 부르는 시간을 가져야 합니다. 각자 부르고 싶은 노래도 부르지만 중요한 것은 함께 합창하도록 합니다.

2 엄마와 함께 만드는 요리

1) 떡볶이 만들기

재료: 떡, 고추장, 설탕, 마늘, 파, 양배추, 어묵

① 고추장을 푼 후 마늘과 설탕으로 간을 맞춘다.

② 떡 및 나머지 재료들을 넣고 조린다.

2) 주먹밥 만들기

재료: 당근, 오이, 햄, 양파, 멸치조림, 밥, 김, 참기름, 일회용 장갑

① 당근, 오이, 햄, 양파, 김을 잘게 썬다.

② 각종 재료들과 밥을 큰 양푼에 넣고 비빈다.

③ 일회용 장갑을 끼고 주먹밥 모양으로 만든다.

3) 유부초밥 만들기

재료: 유부초밥 세트, 밥, 당근, 오이, 햄, 일회용 장갑

① 밥, 당근, 오이, 햄, 밥을 유부초밥 세트 안에 있는 식초와 함께 넣어 비빈다.

② 유부초밥 세트를 뜯어 유부를 꺼내 조금 짠다.

③ 유부가 찢어지지 않게 밥을 넣는다.

4) 샌드위치 만들기

재료: 식빵, 슬라이스 햄, 양상추, 오이, 토마토, 머스타드 소스, 사우전드 아일랜드 드레싱

① 식빵을 토스트기에 살짝 굽는다.

② 구운 식빵 위에 적당히 자른 양상추와 오이, 토마토, 슬라이스 햄을 올려 둔다.

③ 올린 다음 소스를 뿌려 버무린다.

5) 샐러드 만들기

재료: 양상추, 오이, 사우전드 아일랜드 드레싱, 사과나 귤 등의 과일

① 양상추, 오이, 사과나 귤과 같은 과일을 적당한 크기로 썬다.
② 큰 그릇 안에 샐러드 재료를 넣는다.
③ 사우전드 아일랜드 드레싱을 넣고 버무린다.

❸ 배드민턴 같은 간단한 운동하기

❹ 보드게임: 할리갈리 / 블루마블 / 체스 / 바둑 중 오목 두기 / 젠가 / 호텔왕 / 다이아몬드 게임 /트럼프 카드게임

활동 3: 초등학교 고학년 놀이의 예

1 엄마와 함께 만드는 요리

1) 떡볶이 만들기

재료: 떡, 고추장, 설탕, 마늘, 파, 양배추, 어묵

① 고추장을 푼 후 마늘과 설탕으로 간을 맞춘다.

② 떡 및 나머지 재료들을 넣고 조린다.

2) 주먹밥 만들기

재료: 당근, 오이, 햄, 양파, 멸치조림, 밥, 김, 참기름, 일회용 장갑

① 당근, 오이, 햄, 양파, 김을 잘게 썬다.

② 각종 재료들과 밥을 큰 양푼에 넣고 비빈다.

③ 일회용 장갑을 끼고 주먹밥 모양으로 만든다.

3) 유부초밥 만들기

재료: 유부초밥 세트, 밥, 당근, 오이, 햄, 일회용 장갑

① 밥, 당근, 오이, 햄, 밥을 유부초밥 세트 안에 있는 식초와 함께 넣어 비빈다.

② 유부초밥 세트를 뜯어 유부를 꺼내 조금 짠다.

③ 유부가 찢어지지 않게 밥을 넣는다.

4) 샌드위치 만들기

재료: 식빵, 슬라이스 햄, 양상추, 오이, 토마토, 머스타드 소스, 사우전드 아일랜드 드레싱

① 식빵을 토스트기에 살짝 굽는다.

② 구운 식빵 위에 적당히 자른 양상추와 오이, 토마토, 슬라이스 햄을 올려 둔다.

③ 올린 다음 소스를 뿌려 버무린다.

5) 샐러드 만들기

재료: 양상추, 오이, 사우전드 아일랜드 드레싱, 사과나 귤 등의 과일

① 양상추, 오이, 사과나 귤과 같은 과일을 적당한 크기로 썬다.

② 큰 그릇 안에 샐러드 재료를 넣는다.

③ 사우전드 아일랜드 드레싱을 넣고 버무린다.

2 배드민턴 같은 간단한 운동하기

3 보드게임: 할리갈리 / 블루마블 / 체스 / 바둑 중 오목 두기 / 젠가 / 호텔왕 / 다이아몬드 게임 /트럼프 카드게임

4 아빠와 함께 농구 / 축구하기

5 아빠와 팔씨름하기

8) 8회기: 효과적인 칭찬

(1) 운영 개요

① 목표

- 지난주 과제 점검을 통해 각자의 경험을 나눈다.
- 바람직한 격려와 칭찬의 의미를 학습한다.
- 자녀 격려하기 활동을 통해 바람직한 격려하기를 경험한다.
- 자녀의 안정된 생활을 위한 물리적 환경의 특성을 알아본다.

② 준비내용

- 컴퓨터, 빔프로젝터, 이름표, 종이, 연필
- 간단한 다과 및 차
- 모든 구성원이 가능한 한 둥글게 앉도록 한다.

③ 진행방법

- 맞이하기
- 과제 점검
- 중심 개념 안내: 과정 칭찬하기
- 활동: 부모-자녀 놀이 — [과정 칭찬하기]
- 양육 워크북 소개: 자녀의 안정된 생활
- 과제 공지

(2) 8회기 프로그램 진행

① 맞이하기

안내자는 도착하는 부모들과 아이들을 반갑게 맞이하고, 지난 한 주 동안 잘 지냈는지, 특별한 일은 없었는지 등을 확인한다. 특히 지난주에 자녀와의 놀이 시간이 잘 운영되었는지, 자녀가 재미없어 하지는 않았는지, 부모는 특별히 힘든 점은 없었는지 등에 관한 경험을 나눈다. 그리고 자녀의 자아존중감을 높이기 위해 자녀가 선택한 활동을 적극적으로 지지해 주었던 경험이 있는지 나누고 이를 이후 자녀 격려하기에 활용한다.

② 과제 점검

'자녀 놀이에 동참하기' 점검하기

자녀와의 놀이 활동에서 처음에 제시한 규칙대로 잘 운영하고 있는지 자녀 놀이에 동참하기 체크리스트([그림 2-3])의 결과를 점검한다. 이는 처음에는 자녀와의 놀이에 부모와 자녀 모두 집중하지만 횟수가 반복되면서 형식적으로 운영되는 것을 방지하기 위함이다. 또한 놀이가 반복되면서 부모 주도적인 방식으로 놀이가 진행되면 놀이 상황을 통해 자녀의 욕구를 충분히 수용해 주는 부모 역할이 발휘되지 못하기 때문이다. 부모 주도적인 놀이는 자녀에게 오히려 스트레스로 작용하여 자녀에게 해롭기 때문에 이를 방지해야 한다. 따라서 요즘 자녀와 주로 하는 놀이가 어떤 놀이인지, 각 자녀들은 어떤 방식으로 놀이를 전개하는지, 부모는 자녀의 놀이 상황을 어느 수준까지 수용해 주고 있는지 등을 나누도록 각 부모들이 스스로의 놀이 상황을 점검해 보도록 한다.

✎ 자녀와의 놀이시간 동안 다음 사항을 준수했는지 확인해 보세요.

1. 자녀가 놀잇감과 놀이 장소, 놀이방법을 결정하도록 하였나요? 예___ 아니요___
2. 부모는 자녀의 놀이행동을 말로 이야기하였나요? 예___ 아니요___
3. 자녀가 지시하는 놀이행동을 그대로 수용하고 따랐나요? 예___ 아니요___
4. 놀이과정에서 자녀의 감정을 잘 알아차린 적이 있나요? 예___ 아니요___
5. 자녀의 놀이행동을 구체적으로 격려한 적이 있나요? 예___ 아니요___

✎ 자녀와의 놀이 상황에서 부모가 절대 하지 말아야 할 것들입니다. 확인해 보세요.

1. 자녀의 어떤 행동도 비난하지 않았나요? 예___ 아니요___
2. 막연한 칭찬을 하지 않고 구체적인 칭찬을 하였나요? 예___ 아니요___
3. 부모가 주도하는 질문을 하셨나요? 예___ 아니요___
4. 부모님의 행동이나 말이 자녀의 놀이를 방해한 적이 있나요? 예___ 아니요___
5. 놀이 중 자녀에게 어떤 정보나 방법을 알려 주었나요? 예___ 아니요___
6. 놀이 중 자녀에게 설교하신 적이 있나요? 예___ 아니요___
7. 놀이 중 새로운 행동을 하려고 시도하셨나요? 예___ 아니요___
8. 놀이 중에 너무 수동적이거나 조용할 정도로 아무 말도 하지 않았나요? 예___ 아니요___

[그림 2-3] 자녀의 놀이에 동참하기 체크리스트

자녀의 '명상하기 놀이'와 '자녀 혼자놀이' 점검하기

사례 1 명상하기를 여행 가서도 해야 될까요? 지난주에 다른 가족들이랑 여행을 갔는데, 아이가 "엄마! 나 지금 명상하기 시간 아냐?" 하길래 하라고 했어요. 그런데 다른 가족들이 좀 이상하게 보는 것 같아서 좀 그랬거든요.

다른 엄마　아이가 창피해하지 않았다면 부모님은 자녀가 약속한 대로 명상하기를 하겠다는 것을 칭찬하시고 다른 사람에게 자랑스러워하시는 것이 좋은 것 같아요. 명상하기를 엄마와 매일 하기로 했는데, 여행 와서도 하기로 했다니 얼마나 자랑스러워요.

하지만 아이가 해야 한다는 것은 알지만 다른 사람들 앞이라서 좀 쑥

스럽거나 부끄러워한다면 혹은 다른 사람이 보는 것이 싫다면 이번에는 여행 왔다는 특별한 경우라고 면제해 주면 될 것 같아요.

사례 2 우리 아이는 제가 시간을 정해 주고 그 시간 동안 혼자 방에서 놀고 다 놀 때까지 나오지 말라고 했더니 소변 실수를 했더라고요. 아이가 일부러 그런 것은 아닌지 걱정되더라고요.

자녀 혼자놀이에 집중하도록 하는 것은 강압적으로 지시하시는 활동이 아닙니다. 자녀 혼자놀이는 자녀가 즐겁게 혼자서 놀이하는 것을 격려하는 것이 주목적이므로 자녀에게 편안하게 하고 싶은 놀이를 하되, 가능한 한 혼자서 놀이하는 것으로 안내하십시오. 그리고 놀이 중에 자녀가 부모에게 질문하거나 요구사항이 있다면 간단히 대꾸하는 정도로 반응해서 자녀 혼자서 놀이에 집중하도록 하는 것이 중요합니다. 즉, 자녀가 부모를 놀이로 초청하는 것을 거절하는 수준으로 반응하시면 됩니다. 따라서 아이는 화장실에 가거나 엄마에게 간단한 질문을 할 수 있습니다. 다만 아이가 질문을 했을 때는 아이와의 대화가 길어지지 않도록 되도록 간단히 반응하고, 혹시 어떤 요구가 있다면 놀이시간이 다 끝난 이후에 해결해 주는 방식으로 반응해야 합니다.

사례 3 아이가 점점 명상하기를 잘하는 것 같아서 제가 시간을 늘렸어요. 그래도 잘하더라고요.

명상하기 놀이는 정해진 시간 동안 자신의 몸과 생각을 자신의 의지로 통제하기 때문에 규칙적으로 하게 되면 자녀가 스스로 안정감을 찾게 됩니다. 특히 흥분해서 통제가 안 될 때 명상하기 놀이를 하고 나서 차분히 이야기하실 수도 있습니다. 그러나 시작한 지 이제 8주쯤밖에 안 됐는데 시간을 벌써 늘리시면 자녀에게 부담이 될 수 있습니다. 명상하기 놀이시간은 6개월이나 1년쯤 뒤에 늘리시는 것이 더 바람직합니다.

엄마들은 명상하기를 하고 나면 자녀의 산만함이 다소 감소하기 때문에 명상하기 놀이를 주로 많이 실행하는 경우가 있다. 하지만 명상하기 놀이는 자녀와의 타협 없이 부모의 권위로 지시하는 활동이므로 이에 못지않게 자녀의 욕구를 충분히 수용해 주는 자녀와의 놀이시간과 균형 있게 운영되는 것이 바람직하다. 특히 권위적인 부모 역할을 선호하는 부모들은 명상하기 놀이만 많이 하려고 하는 경향이 있는데, 이런 경우에는 명상하기 놀이 횟수와 자녀와의 놀이 횟수를 균등하게 운영하여 자녀의 욕구를 충분히 수용해 주는 부모 역할을 연습하도록 해야 한다.

사례 4 아이와의 놀이시간이 아이에게 즐거운 것 같은데 저는 정말 힘들거든요. 언제나 아이가 원하는 놀이만 하는데, 사실 저는 그 놀이가 지겨워요. 그런데 매번 같은 줄거리의 놀이를 반복해요. 저한테 시키는 역할도 똑같고. 혹시 아이가 다른 놀이를 몰라서 그런 것은 아닌지 걱정되요.

어른들은 아이와 달라서 동일한 놀이를 하는 것이 지겹고 재미없습니다. 그래서 우리 어른들은 아이의 놀이가 시시하고 이런 놀이를 상대하는 것이 힘듭니다. 하지만 자녀와의 놀이시간의 주인공은 '자녀'임을 잊지 마십시오. 자녀가 주인공인 시간이므로 지겨워도 좀 참으셔야 하며 또 이 시간에 즐겁게 놀아야 하는 주체는 자녀이지 부모가 아니니 부모가 좀 힘든 것은 당연하다고 생각하십시오.

자녀와의 놀이시간에 부모가 할 일은 자녀의 특성을 잘 관찰하는 것이다. 앞의 2회기에 자녀의 새로운 신체적 특성 알아오기 과제를 실행했던 것처럼, 자녀의 놀이를 자세히 관찰하게 되면 부모가 그동안 몰랐던 자녀의 특성을 알 수 있게 된다. 자녀의 특성을 알게 되면 자녀 양육이 쉬워지며 흥미로워질 수 있으므로 부모에게 많은 도움이 된다. 또는 자녀가 요즘 놀이하는 가운데 자주 표현하는 행동 양식이나 특정한 사건 등이 요즘 자녀가 관심을 갖는 주제이므로, 이 주제에 관련된 지식이나 정보를 자녀에게 제공하거나 관련된 지식 습득을 격려한다면 자녀의 인지발달이나 학습적인 측면에 도움이 될 수 있다.

사례 5 저희는 명상하기 놀이 때문에 좀 힘들었어요. 지난주에 제 친구가 집에 와서 우리 아이 명상하는 모습을 보고 감탄하면서 칭찬하고 용돈을 주고 갔거든요. 그랬더니 아이가 그것이 좋았는지 이번 주에는 명상하기를 하루에 5번 한다고 어찌나 조르던지……. 아침에 바빠 죽겠는데 명상하기 한다고 하질 않나, 저녁 준비하느라 바쁜데 명상하기를 하겠다고 울고불고 난리를 치고……. 어쨌든 너무 많이 한다고 해도 걱정이네요.

자녀가 명상하기 하는 동안 어머님이 옆에서 지켜봐 주셔야 하는 것은 아닙니다. 이제는 명상하기 놀이방법을 아이들이 모두 알기 때문에 오히려 자녀 혼자 하도록 하고, 어머님은 시간만 확인해서 알려 주시면 됩니다. 휴대전화나 알람시계로 시간을 맞추어 놓고 정해진 시간이 되면 명상하기 놀이 '땡'을 알려 주시면 됩니다. 아이가 원하는 만큼 하도록 하세요. 부모님이 제시한 기준은 하루에 1회이면 충분하다고 알려 주시고, 더 하기를 원한다면 더 할 수 있고, 다시 1회만 해도 된다고 명상하기 활동 전에 알려 주세요. 그러면 조만간 아이가 자신에게 적절한 횟수를 스스로 알게 되고 실행하게 될 것입니다.

사례 6 매번 약속한 자녀와의 놀이시간을 지키기가 쉽지 않더라고요. 꼭 그때만 되면 무슨 일이 생기고. 그래서 1~2번은 아빠에게 놀아 주라고 했는데 그래도 되는 건지 모르겠어요. 엄마하고 한 약속이니까 엄마가 해 주어야 한다고 생각을 하고 있어요.

바쁘지만 자녀와 약속한 놀이시간을 반드시 지키려는 부모의 모습에서 자녀는 부모의 정성을 느낄 수 있고 부모를 더욱 신뢰하게 되면서 약속은 반드시 지켜야 한다는 것을 배우게 됩니다.

어머님이 지키기 쉬운 놀이시간인지를 확인하셔서 가장 방해가 되지 않는 시간으로 조정하여 어머님이 약속하신 놀이시간은 반드시 어머님이 실행하시고, 아버님과의 놀이시간은 아버님이 실행하는 것이 올바른 방법입니다.

자녀에게 보내는 부모의 '칭찬편지' 점검하기

안내자는 부모들이 작성해 온 자녀의 칭찬편지를 모두 회수하여 이후에 각 가정으로 발송한다. 이때 받는 사람은 자녀의 이름으로 하여 집에서 받아보도록 한다. 편지를 받아보는 방법은 부모가 자녀에게 하고 싶은 칭찬의 효과를 몇 배 이상 크게 느껴지게 하므로 부모-자녀 관계의 질적 수준을 높이는 데 효과적이다.

'자녀의 자아존중감 높이기' 점검하기

사례 1 우리 아이는 낯선 곳에 가는 것을 가장 두려워해요. 피아노를 배우고 싶었는데 피아노 학원에 혼자 가는 것이 싫어서 미루다가 이번에 피아노 학원을 다니게 되었어요. 그러더니 하루는 그러더라고요. 피아노 학원에 가니까 친구가 있는데, 친구가 이제 바이엘 배우냐고 놀려서 속상했다고요. 그 이야기 들으니까 저도 막 속상했지요. 그러니까 엄마가 지난번에 가자고 할 때부터 다니지 그랬냐고 하니까, 아이가 자기도 후회되는지 아무 말도 없이 눈물만 뚝뚝 흘리는 거예요. 우는 아이의 얼굴을 보니까 그런 말 한 것이 후회되고, 여기서 지난주에 배운 내용이 생각나서 얼른 미안하다고 하고 열심히 하면 빠른 시간에 잘할 수 있다고 해 주었어요. 그랬더니 아이가 그럼 자기는 매일 피아노 연습을 많이 하겠다고 하더라고요.

다른 엄마 엄마이기에 자녀가 놀림 당하면 속상한 것은 당연한 것 같아요. 그래서 엄마들은 자녀들이 속상함을 털어놓으면 위로하기보다는 자녀보다 더 속상해하는 것 같아요. 하지만 그 상황에서 가장 속상한 사람은 아이인 것 같아요. 그래도 자아존중감 높이기가 생각나셔서 격려해 줬으니 자녀에게 도움이 되었다고 생각해요.

그리고 친구와 비교해서 좌절된 마음이지만 다시 용기 낼 수 있도록 구체적으로 실천내용을 자녀와 의논하시면 도움이 될 것 같아요. 즉, 매일 많이 피아노 연습을 한다는 것보다는 구체적으로 매일 몇 시간 또는 피아노 교본 몇 장을 할 것인지 의논해서 계획을 세우고 하도록 하는 것이지요.

사례 2 이런 것도 자아존중감 높이기가 되는지 모르겠지만, 우리 아이는 동생보다 팽이를 잘 못 돌려요. 요즘 아이들이 좋아하는 탑블레이드라는 팽이가 있는데 그 팽이를 잘 돌리지 못해서 늘 속상해하지요. 그래서 이번에도 동생과 팽이시합을 하는데 동생 팽이가 더 잘 돌아가니까 어쩔 줄 몰라 하더라고요. 그래서 큰아이하고 방에 들어가서 둘이서 조용히 이야기했어요, 너도 팽이를 잘 돌리고 싶으냐고. "그럼 엄마하고 연습해 볼래?" 하고는 큰아이하고 방에서 팽이 연습을 했어요. 제가 해 보니까 요령을 알겠더라고요. 그래서 아이에게 알려 주고 여러 번 연습했더니 아까보다는 잘 돌렸어요. 그랬더니 아이가 내일도 엄마랑 연습하고 싶다고 해서 그러자고 했지요.

다른 엄마 동생보다 못하는 것은 정말 자존심 상하거든요. 그것을 도와주는 것이니까 굉장히 중요한 일을 하신 거예요. 특히 아이에게 아주 중요한 문제인 팽이 돌리기를 지도해 주시고 격려해 주었으니 다른 공부보다 자녀에게 더욱 도움이 될 것 같아요. 그리고 동생 없는 곳으로 데리고 가서 하신 것도 훌륭하다고 생각해요. 동생 앞에서 큰아이의 자존심을 세워 주셨으니까요.

사례 3 저는 아이가 원하는 것이나 하고 싶은 것이 아니라 자신 없어서 제게 언제나 해 달라고 하는 것을 격려해 보았어요. 문방구에서 물건을 살 때, 슈퍼에서 물건을 살 때 자기가 찾는 물건이 없으면 주인한테 물어보지 못해서 늘 그냥 와요. 그리고 저에게 물어보라고 시키지요. 제가 안 해 주면 결국 말을 못하고 그냥 와요, 울면서. 아이가 말을 못할 때는 제가 해 주는 것이 맞지만, 이제 내년이면 학교도 가야 하는데 하는 생각에 가게에서 아이가 주인에게 말하는 것을 시도해 보았어요.

먼저 슈퍼에 가기 전에 아이하고 이야기를 나누었지요. 이제 큰언니가 되었으니 네가 원하는 것이 있으면 슈퍼에서도 네가 말해야 한다고. 그리고 약속하고 갔어요. 스스로 말하고 물건을 사 오면 상을 주겠다고요. 집이나 할머니 댁에서는 말을 잘하는데 그것도 위로 삼으라고 말해 주고요.

아이랑 슈퍼에 가서 아이가 주인 아주머니한테 물건을 찾는 말을 하긴 했는데 너무 작아서 못 알아 들으시는 거예요. 그래서 제가 아이 손을 잡고 서 있다가 아이 말을 다시 한 번 해 주었어요. 그리고 엄마랑 함께 크게 다시 이야기해 보자고 하고 함께 말해 보았고요. 제가 좀 도와주기는 했지만 아이가 처음으로 자신의 요구사항을 스스로 슈퍼에서 말한 날이었답니다.

사례 4 저는 아주 중요하고 큰일을 도전해야만 한다고 생각해서 못 했어요. 그런데 엄마들 이야기 들어보니까 그게 아니네요. 우리 아이도 그런 작은 일들은 너무 많아요. 밤에 어두우면 화장실을 혼자 못 가요. 그래서 어린 동생을 깨워서 화장실 불을 켜 놓게 하고 나서 간다니까요. 그런 일도 시도해 보면 되겠네요.

사례 5 저도 비슷한데, 우리 아이는 제게 다른 친구들 이야기를 일러요. 교회에 가면 누가 어떻게 했다고 일러요. 그것을 보면 뭐가 옳은지, 잘못한 일인지는 아는 것 같은데, 자기는 지키지 않으면서 계속 저한테 친구가 쓰레기 버렸다, 친구가 자기 물건 아닌데 만진다고 하면서 저한테 혼내 주라고 해요. 아주 귀찮고 시끄러워 죽겠어요.

다른 엄마 글쎄요. 친구들에게 옳은 이야기를 해 주는 것에 대한 자신이 없는지는 정확히 알 수 없지만, 아이가 친구들에게 해 주고 싶은 말이 있는데 엄마에게 대신해 달라고 하는 것은 분명하네요. 아이에게 엄마보고 하라고 하지 말고 직접 친구에게 가서 말해 주라고 해 보세요. 아이가 친구에게 어떻게 말하면 좋을지에 대해서 이야기해 보고 아이 손을 잡고 함께 친구에게 가셔서 아이가 직접 이야기하라고 시키세요. 아이가 할 수 있는 일은 아이 스스로 해야 한다는 것을 알도록 하는 것이 중요한 것 같아요.

사례 6 저희 아이는 매일 하는 학습지가 있는데 그것을 혼자 못해요. 꼭 제가 옆에 앉아 있어야만 하거든요. 하기 싫은 마음도 있겠지요. 그런데 자기가 할 일을 안 하면 불안한가 봐요. 학습지를 못한 날은 저를 따라다니면서 언제 할 건지 자꾸 물어봐요.

다른 엄마 우리 아이는 학습지를 혼자 하면 틀릴까 봐 불안해서 그렇다고 하던데요. 만약 그렇다면 틀려도 괜찮으니까 아이가 혼자서 하고 나서 엄마랑 다시 한 번 보는 것으로 해 보세요. 틀리면 다시 고치면 된다는 것을 알려 주면 돼요. 그리고 자녀가 혼자서 해 놓은 학습지를 점검하실 때는 틀릴 때보다 정답을 맞힐 때마다 "아이구! 잘했네."라고 했더니 아주 신나하더라고요. 이런 격려가 많이 쌓이면 점차 혼자서 하는 것에 대해 자신감을 갖게 될 것 같아요.

부모들과 나눈 경험들처럼 자녀의 자아존중감을 높이는 것은 실생활에서 아주 작고 사소한 일부터 시작할 수 있다. 자녀가 조금이라도 자신 없어 하거나 도전하고 싶어 하는 일이라면 무엇이든지 격려하여 자녀 스스로 극복해 보는 경험을 하는 것이 중요하다. 이런 작은 경험들이 쌓이면 자녀가 이후에 부모가 감탄할 만한 도전 과제에 도전하게 되는 것이다.

이를 위해 일상생활에서 자녀가 자주 좌절하는 일이 무엇인지를 찾아내도록 한다. 그리고 그 일이 다른 사람에게 피해를 주거나 안전에 위배되는 일이 아니라면 도전해 보도록 하기 위해 예전에 자녀가 훌륭하게 해낸 일들과 그와 유사한 일을 했던 경험들을 이야기해 준다. 또는 처음에는 엄마가 함께 도와준다고 제시 할 수도 있다. 이를 통해 자녀가 실패의 두려움을 떨치고 용기를 내어 해 보도록 하는 것이 중요하다. 다시 해 보는 것, 그리고 자신이 할 수 있다고 생각하는 시점부터 자녀의 자아존중감은 발달하기 시작한다.

③ 중심 개념: 과정 칭찬하기

자녀의 자아존중감을 발달시키기 위해서, 또는 일상생활에서 자녀의 좋은 점을 반영해 주는 부모 역할을 하기 위해서도 부모들은 자녀를 많이 칭찬하고 격려하게 된다. 그런데 가끔 이런 칭찬과 격려가 자녀에게 진심으로 전달되지 않아서 효과적이지 않은 경우가 있다. 그것은 부모가 구체적으로 칭찬하고 격려하지 못했기 때문이다.

칭찬하기와 격려하기의 가장 중요한 원칙은 '결과가 아닌 과정을 칭찬하고 격려해야 한다.'는 것이다. 결과는 좋을 수도, 나쁠 수도 있어서 '결과'를 기준으로 하면 칭찬할 수 없는 경우도 있다. 하지만 과정 중에는 언제나 칭찬할 요소가 많이 있다.

또한, 결과를 칭찬하게 되면 자녀들은 결과에 집착하게 되어 나쁜 결과가 나올까 봐 불안하게 되고, 다른 사람의 칭찬이 있어야만 노력하게 된다. 이는 스스로 원하는 목표를 수립하기보다는 다른 사람이 희망하는 목표를 수립하게 만드므로 장기적으로는 자녀에게 도움이 되지 않는다. 더 나아가서는 자녀 자신의 생각보다 다른 사람의 생각이나 가치를 더 중요하게 여기게 되어 가치관의 혼란을 갖게 할 수도 있다. 다른 사람이 칭찬하는 것이 무엇인지 끊임없이 살피고 그에 맞추느라 불안정하게 되어 건강한 자아존중감을 가진 자녀로 성장할 가능성이 낮아진다.

반대로 과정을 칭찬하고 격려하는 방법은 결과에 상관없이 자녀가 노력한 가치를 평가하고 그것을 높이는 것이므로 어떤 것이든 성실히 노력한 것에 대한 자부심을 가질 수 있다. 또한 그동안 자녀가 특히 잘한 점을 구체적으로 칭찬하고 격려하기 때문에 자녀 스스로 자신의 장단점을 분석하여 잘하는 것은 더욱 발전시키고 부족한 점은 스스로 보완하는 방법을 찾을 수 있다.

따라서 자녀를 격려하고 칭찬할 때는 반드시 과정을 기준으로 하며, 동시에 자녀의 가치를 높일 수 있는 특성이나 표현을 구체적으로 칭찬해야 한다. 다음은 결과 또는 과정을 칭찬하는 구체적인 예다.

〈결과를 칭찬하는 예〉	〈과정을 칭찬하는 예〉
• 너는 정말 착하구나. (의미) 착하지 않으면 인정하지 않을 거야.	• 동생에게 양보하다니 정말 착하구나.

- 우와! 100점을 맞았네. 정말 잘했어.
  (의미) 100점이 아니면 잘한 것이 아니야.
- 정말 자랑스러운 아이야.
  (의미) 엄마한테 늘 자랑스러운 아이가 되어야 해.

- **열심히 하더니** 100점을 받았구나.
  공부하기가 힘들었는데 포기하지 않고 **꾸준히 열심히 한** 네가 자랑스러워.
- 이렇게 많은 사람들 앞에서 노래하다니 **정말 용기 있구나.**
  엄마는 네가 많은 사람들 앞에서 **떨리지만 참고 용기 내어** 노래한 것이 정말 자랑스러워.

이와 같이 자녀가 목표를 달성하기 위해서 실행한 것이 무엇인지를 구체적으로 칭찬하고 격려하는 것이 바로 과정을 칭찬하고 격려하는 것이다. 이와 같은 방법은 자녀로 하여금 자신이 목표한 바를 위해 열심히 노력하는 과정을 확인하게 하고, 그것을 스스로도 자랑스럽게 생각하면서 자신이 원하는 바를 도전하고자 하는 마음을 갖게 하며, 더 나아가서는 자아존중감을 확고히 발달시킬 것이다.

④ 활동: 부모-자녀 놀이 – [과정 칭찬하기]

자녀들이 유치원이나 학교에서 돌아오면 그날 어떤 활동을 했는지, 자녀가 그린 그림이나 이야기 등을 들어보고 각 부모가 어떤 과정을 칭찬했는지 나누면서, 각각의 격려내용이 자녀가 활동을 한 과정을 칭찬한 것인지 검토해 보도록 한다.

실례 아이들이 전래동화 '반쪽이'를 듣고 이야기 나누기를 하였다. 각 아이들이 자신들의 생각을 표현한 그림, 글 등을 엄마에게 보여 주었다.

엄마 1 반쪽이를 예쁘게 만들어 준 것을 칭찬했어요. 반쪽이한테 멋있는 모자도 씌워 주고 선글라스도 그려 주었더라고요. 그래서 반쪽이 얼굴이 아주 멋있어졌다고 칭찬해 주었지요. 그랬더니 아이가 반쪽이는 눈이 하나 없어서 형들이 놀리니까 안경으로 가려 주었다고 하면서, 이제 형들이 반쪽이를 놀리지 않을 거라고 하더라고요. 그래서 엄마가 반쪽이라면 정말 좋았을 것이라고 하고, 반쪽이의 속상한 마음을 잘 이해해 준 마음이 엄마는 참 자랑스럽다고 하며 꼭 안아 주었어요.

엄마 2 우리 아이는 자기 얼굴 중에서 머리가 가장 예쁘다고 했어요. 그래서 왜 머리가 가장 예쁘냐고 했더니 자기 머리로 반쪽이처럼 힘든 친구를 도와줄 수 있는 방법을 생각해 내니까 머리가 가장 예쁘다고 생각한대요. 너무 기발하지 않아요! 그래서 제가 정말 진심으로 감탄했어요. 정말 그렇게 좋은 생각을 하는 네 머리와 마음이 엄마는 너무 훌륭하다고 생각한다고 했지요. 엄마보다 훨씬 낫다고…….

엄마 3 형들이 놀려도 꾹 참는 반쪽이가 참 훌륭한 아이인 것 같대요. 그래서 자기도 누나가 놀려도 꾹 참아 보려고 한다고 하더라고요. 그런데 누나가 놀리면 너도 속상할 텐데 꾹 참을 수 있겠냐고 했더니, 자기 누나를 놀리고 때리면 엄마가 속상해하니까 안 하려고 한대요.
그래서 물론 엄마도 속상하지만 아무리 화가 나도 누군가를 때리는 것은 옳은 행동이 아니라서 꾹 참는 것이라고 이야기해 주었어요. 그랬더니 아이가 그럼 자기가 누나를 놀리지 않고 꾹 참으면 누나보다 훌륭한 사람인 것이냐고 묻더라고요. 그래서 반쪽이처럼 훌륭한 사람이라고 했더니, 그럼 오늘 집에 가서 누나가 자신을 놀리더라도 자기는 꾹 참아 보겠다고 해요. 누나보다 동생이 더 나은 것 같아요. 오늘 집에 가서 아이가 이것을 실행하면 정말 더 많이 칭찬해 주려고 합니다.

엄마 4 우리 아이는 반쪽이가 선물을 많이 받은 것이 부럽다고 했어요. 그래서 선물을 어떻게 많이 받을 수 있었는지 물었더니, 반쪽이가 착하게 생각하고 형을 때리지도 않아서 그랬다고 하더라고요. 그리고 자기도 앞으로는 절대로 남을 때리지 않고 남을 도와주는 사람이 될 거라고 했어요. 남을 때리지 않기로 한 네 생각이 정말 훌륭하다고 칭찬해 주었어요. 그리고 집에서 아이가 그렇게 행동할 때마다 칭찬을 구체적으로 해 주어야겠어요.

엄마 5　글쎄, 우리 아이는 뭘 했는지 잘 말을 안 해서……. 그림 그린 것 보고 잘 그렸다고 했고, 아이가 그린 그림이 무엇인지 물어보고 재미있게 그렸다고 칭찬해 주고 색깔도 예쁘게 잘 선택해서 그렸다고 했지요. 근데 아이가 웃기만 하고 갔어요.

⑤ 양육 워크북: 자녀의 안정된 생활

8회기 양육 워크북 주제는 '자녀의 안정된 생활'이다. 먼저 185쪽에 제시된 우리 아이의 주변환경에 대한 문항들을 체크하도록 한다.

총 10개의 항목 중 5개 이상이 '아니요'라면 자녀를 응석받이로 키우는 경향이 있다고 할 수 있다. 자녀가 만 4세 이상이라면 제시된 항목들을 어느 정도 스스로 해결할 수 있다. 일과를 스스로 해결하도록 안내하고 이를 실행할 수 있는 구체적인 실제를 연습하도록 한다. 그런 과정을 통해 생활 습관이 형성되면 아이 자신도 안정된 삶을 누릴 뿐만 아니라 다른 사람에게 피해를 주지 않고 다른 사람을 배려하는 생활을 할 수 있다.

양육 워크북의 활동지에 따라 자녀의 물리적 환경 구성을 확인한 후, 자녀가 스스로 정리하기 쉽고 편안하게 생활할 수 있도록 자녀 방이나 자녀의 공간을 재구성하도록 한다. 그리고 워크북에 제시된 자녀 스스로 할 수 있는 일과를 하나씩 실천하도록 지도한다. 자녀가 일상생활에서 자신의 일을 스스로 하지 않았다면 한 번에 모든 내용을 실행하기는 힘들다. 따라서 부모가 가장 중요하다고 생각되는 내용부터 하나씩 실행하도록 훈련하고, 점차 그 개수를 늘려가도록 한다. 그리고 아이가 부모와 약속한 일과를 수행하지 않았을 때는 지난 회기에서 소개한 바와 같이 모든 가족들에게 도움이 되는 보상을 실행하도록 한다.

⑥ 과제

- '자녀와 놀이하기' '명상하기 놀이' 등은 정기적으로 성실히 이행하도록 강조한다.

- 일상생활 중에 자녀를 격려한 과정을 잘 정리하도록 한다.
- 양육 워크북의 활동지에 따라 자녀 방이나 공간에 대한 평면도를 그리고, 자녀가 자신의 물건을 스스로 관리하거나 일과를 해결하도록 지도한다.
- 집으로 도착한 부모의 칭찬편지를 자녀와 함께 읽어 보고 가져오도록 한다.

양육 워크북

8회기: 자녀의 안정된 생활

부모님들이 힘들어하는 아이는 아마도 제멋대로 응석을 부리는 고집불통의 아이일 것입니다. 거기에 부모와의 애착 형성에 문제가 있는 경우라면 더욱 힘드실 수 있습니다. 어떻게 해도 훈육이 되지 않기 때문이지요. 아마 이렇게 이야기하면 대부분의 부모님은 우리 아이가 그렇다고 생각하실 것입니다. 하지만 막연히 그렇게 생각하지 마시고, 우리 아이가 응석받이인지 아닌지를 먼저 확인해 보세요. 다음 10개의 항목 중에서 우리 아이에게 해당되는 항목을 체크해 보세요. 5개 이상에 해당된다면 응석받이 아이라고 할 수 있습니다.

문항내용	예 / 아니요
1. 자녀의 나이가 18세 이하인가요?	예 / 아니요
2. 자녀 혼자서 더블베드를 사용하고, 자녀 방에 TV가 있습니까?	예 / 아니요
3. 자녀의 장난감이 사과 박스 크기로 2박스 이상입니까?	예 / 아니요
4. 다음 물건들 중에서 자녀가 4개 이상 소유하고 있는 것이 있습니까? 자전거, 킥보드, 롤러블레이드, 닌텐도, mp3, 게임기, 혼자서만 사용하는 컴퓨터나 노트북, 최신형 핸드폰, 아이팟 등과 같은 10만 원 이상의 물품들	예 / 아니요
5. 자녀가 해야 하는 중요한 일들을 부모님이 대신 해줍니까?	예 / 아니요
6. 자녀는 음식을 부모님이 주는 대로 먹지 않고 자기 입맛에 맞추어야만 먹습니까?	예 / 아니요
7. 부모님이나 가족들이 자녀를 도와주면 자녀는 그에 대해 고맙다는 말을 하지 않습니까? (하지 않는 경우에 '예'라고 대답하세요.)	예 / 아니요
8. 자녀가 가족의 생활 리듬을 맞추지 않고 자기가 원하는 시간에 일어나고 밥을 먹습니까?	예 / 아니요

9. 자녀가 가족 모두가 참여해야 하는 활동(외식, 게임, 청소하기, 재활용품 버리기 등)에 대부분 참여하지 않는 경향이 있습니까?	예 / 아니요
10. 자녀가 식사 후 자신이 먹은 그릇을 치우는 등 간단한 집안일도 전혀 도와주지 않는 경험이 있습니까?	예 / 아니요

부모와의 관계의 질인 애착에 문제가 있는 아이들에게는 부적합한 생활 특성이 있습니다. 바로 과도한 물질과 특별대우를 해 주는 것과 아이가 잘못된 행동을 했을 때 쉽게 용서해 주거나, 다시 같은 행동을 했을 경우에도 경고를 할 뿐 훈육하지 않는 것입니다.

우선 과도한 물질과 특별한 대우는 자기 통제력을 기르는 데 방해가 됩니다. 따라서 자녀가 스스로 정리하고 관리할 수 있는 만큼의 물건들만 제공하고 그것을 스스로 관리하도록 해야 합니다.

예를 들면, 적합한 물건의 목록은 다음과 같습니다.

- 양말과 속옷은 5~7개 정도, 겉옷은 7~10벌 정도, 코트 2개, 신발 2~3켤레, 모자 1개, 장갑이나 목도리 1개, 잠옷 1개 정도가 적당합니다.
- 책은 취학 전 연령의 경우에는 10권 정도가, 초등학생의 경우에는 10권 이상도 좋습니다. 장난감은 자녀가 요즘 가장 잘 가지고 노는 것만 골라서 10개 내외가 좋습니다.

그리고 자녀가 자신의 물품을 스스로 관리하도록 지도하셔야 합니다.

- 매일 아침 일어나서 자고 일어난 이불과 베개를 정리하도록 합니다.
- 자신의 속옷, 양말, 옷 등을 기억하게 하시고, 빨래가 마른 후 정리된 빨래는 아이가 스스로 자신의 옷장에 넣도록 하면 잘 기억할 수 있습니다.
- 더러워진 옷이나 갈아 입은 속옷은 반드시 빨래통에 넣도록 하세요.
- 반드시 책과 장난감을 정리하는 공간을 지정해 주시고, 놀이 후에 지정된 장소에 넣도록 하세요.
- 아이의 방은 최대한 정리하기 쉽게 단순하게 구성해 주셔야 합니다.

활동지 1: 아이 방 구성 평면도

☺ 아이 방 구성 평면도 예

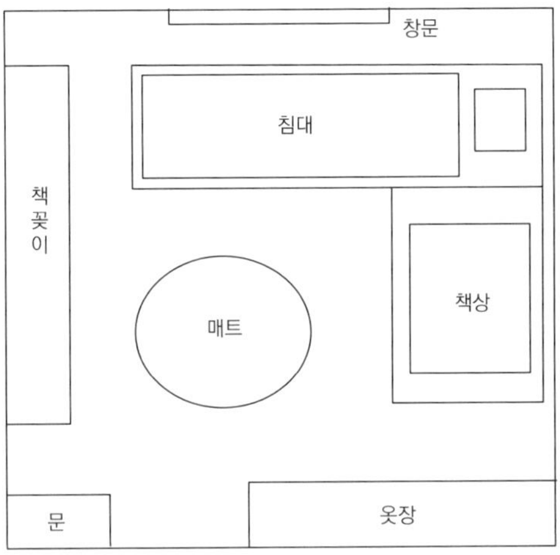

☺ 아이 방 구성 평면도 그리기

아이의 방이 정리정돈되어 있는지 확인해 보세요.

〈아이 방 정리정돈 체크리스트〉

문항내용	예 / 아니요
1. 자녀 방 침대가 정돈되어 있나요?	예 / 아니요
2. 자신의 옷을 스스로 정리하였나요?	예 / 아니요
3. 입었던 옷을 세탁물 두기로 한 곳에 두었나요?	예 / 아니요
4. 책과 장난감 등을 제자리에 두었나요?	예 / 아니요
5. 책상이나 바닥에 필요 없는 물건이 굴러다니나요?	예 / 아니요
6. 아이의 방은 환기가 잘 되어 있나요?	예 / 아니요
7. 방을 보았을 때 어느 정도 정리가 잘 되어 있었나요?	예 / 아니요

두 번째로, 자녀가 잘못된 행동을 했을 때는 화를 내지 마세요. 잘못된 행동에 대한 설교를 하기보다는 행동으로 잘못된 행동에 대한 책임을 지도록 하세요.

일반적으로 아이는 알면서도 실수를 잘하는 특성이 있기 때문에, 대부분의 부모들은 자녀가 잘못 하거나 실수를 한 경우에 그에 대해 자녀가 알고 인정하는지를 확인한 후 첫 번째 경우에는 용서해 줍니다. 그리고 두 번째 동일한 행동을 한다면 어떤 조치를 받을 것인지 경고하는 방법을 많이 사용하지요. 이는 대부분의 아이들에게 효과적인 양육방법입니다.

그러나 애착에 문제가 있는 아이에게는 절대 효과적인 방법이 아닙니다. 이것은 아이 스스로의 통제능력을 기르는 데 도움이 되지 않습니다.

아이가 잘못된 행동을 했을 때는 다음과 같이 실행하세요.

① 아이의 행동에 대해 분노하지 마세요. 화가 나셨다면 절대 말을 하지 않도록 주의하면서 잠시 아이에게 등을 돌리고 심호흡을 세 번 하세요.

② 아이의 잘못된 행동으로 인해 창피하거나 속상한 사람은 부모님이 아닌 자녀라는 사실을 떠올리세요.

③ 자녀의 잘못된 행동에 대한 보상으로 작성해 놓은 목록을 보고 자녀에게 지시할 행동을 결정하세요.
④ 자녀에게 지금 한 행동이 잘못되었다고 생각하는지 확인하세요.
⑤ 자녀가 자신의 행동에 대한 잘못을 인정하면(반드시 인정함을 확인하셔야 합니다) 결정하신 보상행동을 하도록 지시하세요.
⑥ 부모님이 지시한 보상행동을 완전히 수행했는지 확인하세요.
⑦ 자녀가 보상행동을 수행했다면 '수고했다'고 격려만 하세요. 절대로 잘못된 행동에 대한 설교는 하지 마세요. 오히려 역효과가 날 수 있습니다. 또한 보상행동을 하고 난 후 자녀가 무엇을 반성했고 깨달았는지 등을 확인하려고 하지 마세요. 부모님이 이런 확인을 할수록 자녀는 부모님께 반항심을 갖게 될 수 있기 때문입니다.

일반적으로 아이들은 자신의 잘못을 스스로 잘 압니다. 그리고 그 잘못된 행동이 창피한 일이라는 것도 잘 압니다. 다만 표현하지 않거나 아이가 자신의 자존심을 세우느라 수치심을 느끼지 않은 척할 뿐입니다. 이런 상황에서 부모님이 아이가 반성했는지 등을 확인하는 과정은 오히려 아이의 수치심을 자극하여 더욱 반항하게 만들기 때문에 잘못된 행동에 대한 처벌 효과를 떨어뜨릴 뿐입니다. 아이들은 '말'이 아닌 '행동'으로 배웁니다. 아이가 행동을 통해 스스로 깨달았을 것을 믿으세요!!

활동지 2: 일주일 동안 자녀의 잘못된 행동에 대한 부모의 반응기록 카드

아이의 행동	부모의 반응

9) 9회기: 수료식

(1) 운영 개요

① 목표

- 이 프로그램을 시작할 때의 마음을 나눈다.
- 지난 시간들의 경험과 활동자료들을 보면서 부모와 자녀의 변화된 모습을 나눈다.

② 준비내용

- 컴퓨터, 빔프로젝터, 이름표, 종이, 연필
- 간단한 다과 및 차
- 모든 구성원이 가능한 한 둥글게 앉도록 한다.

③ 진행방법

- 맞이하기
- 과제 점검
- 중심 개념 안내 1: 처음과 지금의 마음 나누기
- 중심 개념 안내 2: 부모-자녀 서약서
- 양육 워크북 소개: 규칙적인 생활

(2) 9회 프로그램 진행

① 맞이하기

안내자는 도착하는 부모들과 아이들을 반갑게 맞이하고, 지난 한 주 동안 잘 지냈는지, 특별한 일은 없었는지 등을 확인한다. 특히 지난주에 자녀 방이나 공간을 자녀들이 자신의 물건을 정리하기 쉽게 재구성하고 자녀의 물건 관리와 일상생활 역할지도를 함에 있어 어려운 점은 없었는지 나눈다. 그리고 부모의 칭찬편지를 받은 자녀의 반응이 어떠했는지 나눈다. 더불어 부모들이 자녀를 격려했던 경험들을 나누고 서로 격려하도록 한다.

② 과제 점검

'자녀의 안정된 생활' 점검하기

부모들은 양육 워크북에 제시된 지침대로 자녀의 공간을 점검했다고 하였다. 자녀가 요즘 주로 사용하는 물건들을 정리하기 쉽게 배치하고, 워크북에 제시된 수만큼의 아이 옷, 놀잇감 등으로 정리해 봤으며, 아이가 쉽게 꺼내고 넣을 수 있도록 정리하고 나니 자녀가 정리도 잘하고 자기 방에서 나오지 않고 노는 경우가 많아졌다고 한다. 그리고 자녀가 자신의 물건들을 잘 찾을 수 있게 되었다고 했다.

아이들은 물리적 환경에 영향을 많이 받는다. 따라서 물리적 환경을 체계적으로 정리하여 안정된 환경이 되도록 하고, 자녀 스스로 자신의 물건을 넣고 정리하기 쉽도록 하여 자신의 물건을 소중히 관리하는 경험을 지속적으로 하게 하면 자기 소유에 대한 권리와 책임을 발달시킬 수 있다.

구체적인 예를 들면, 한 가정은 엄마가 빨래를 정리할 때마다 아이들에게 자신들의 옷을 넣어놓도록 하니까 엄마의 일도 줄어들었고 자녀들도 자신들의 옷을 잘 정리하고 잘 찾을 수 있어서 좋았다고 하였다. 또 어떤 가정은 자녀의 놀잇감이 많다고 생각했는데, 정리해 보니 다 아기 때 놀잇감들이거나 부서진 것이 대부분이었고 옷과 양말도 작아진 것들이 많아서, 이번에 모두 정리하고 나니 워크북에 제시된 옷의 개수나 놀잇감의 개수보다 더 적었다고 하였다. 대부분은 자녀들이 자신의 물건들을 잘 정리하게 된 것을 만족스러워하였다.

집에 도착한 '부모의 칭찬편지' 점검하기

대부분의 자녀들은 자신의 이름으로 편지가 온 것에 대해서 굉장히 신기해하고 기뻐했으며, 엄마가 자신에게 보낸 편지여서 더욱 좋아했다고 하였다. 가족들이 집에 돌아올 때마다 그리고 만나는 사람들에게도 엄마가 자신에게 보낸 편지를 자랑한 자녀가 많았고, 또 엄마의 편지를 어디에 가든 들고 다니는 아이, 누구든지 볼 수 있도록 벽에 붙여 놓고 싶어 하는 아이 등 엄마의 편지를 자랑하는 자녀의 행동들이 보고되었다. 그리고 매일 그 편지를 읽어 달라고 하는 경우가 많았다. 어떤 자녀는 엄마의 편지를 읽기 위해 한글을 배우고 싶어 하기 시작한 경우도 있었다.

또한 부모들도 자녀들이 기뻐하는 모습을 보고 아주 좋았고, 자녀가 좋아하는 모습을 보면서 자녀에 대한 관심과 사랑을 좀 더 구체적인 방법으로 표현해야겠다고 느꼈다고 한다. 그리고 편지를 받은 이후로 자녀가 부모를 대하는 태도가 바뀌어 아주 친밀해졌으며, 부모에게 순종적인 자녀가 되었다고 보고하였다. 이와 같이 자녀가 감동할 만한 애정 표현의 효과를 눈으로 확인한 부모들은 자녀에게 좀 더 자주 확실하게 부모의 애정을 전달하는 것이 중요함을 인식할 수 있다.

③ 중심 개념 1: 처음과 지금의 마음 나누기

부모-자녀 관계증진 프로그램에 참여하기 전과 비교해서 지금은 어떤 마음인지, 자녀가 달라 보이는지 등에 대해서 각자 돌아가면서 생각을 나누도록 한다.

사례 1 처음에 아이랑 여기 올 때는 정말 힘들었어요. 아이와 제가 너무 안 맞는다고 생각했거든요. 제가 많이 힘든 날에는 아이가 밉기도 했으니까요. 그런데 이 프로그램을 하면서 우리 아이가 정말 예쁘다는 것을 알게 되었어요. 그리고 제가 우리 아이를 정말 많이 사랑한다는 것도 알게 되어서 기뻐요.

사례 2 아이와 대화가 안 된다고 생각했어요. 제가 말하면 무조건 반대로 하거나 고집을 피우니까요. 그런데 아이가 말을 안 듣는 것이 아니라 제가 아이의 마음을 들여다볼 생각을 안 한 것 같아요. 아이의 마음을 알게 되니까 그동안 제가 참 잘못한 것이 많다는 것을 알았어요. 지금은 정말 친한 모녀가 되어서 좋아요.

사례 3 저는 '명상하기 놀이'가 참 좋았어요. 우리 아이는 명상하기를 하고 나서부터 눈빛이 달라지는 것이 보였거든요. 많이 차분해지고 엄마, 아빠 말도 잘 따르는 것 같아서 너무 좋아요. 그리고 아이도 명상하기 놀이를 좋아해요. 아이가 먼저 챙기지요, 자기 명상하기 할 시간이라고.

사례 4 아이 아빠가 좀 권위적이에요. 아이에게 설명하기보다는 무조건 어떻게 하라고 지시하는 편이라 아이가 아빠를 좀 무서워했어요. 그래서 아빠가 아이를 안으려고 하면 싫어했거든요. 그런데 몇 주 전부터 아이가 아빠에게 안기는 거예요. 그리고 아이가 아빠를 안아 주었답니다. 아이 아빠가 그날 감동받아서 거의 울 뻔했다니까요. 어떻게 아이가 바뀌었는지 모르겠어요. 아빠가 이 프로그램에 참여한 것이 아니니까 아빠가 바뀐 것은 아닌데……. 그래도 이젠 아이가 아빠하고도 친해져서 너무 마음이 놓이고요, 아빠하고 놀기도 해서 정말 감격스러워요. 제가 보기에도 아빠 앞에서 아이가 이전처럼 주눅들어 보이지 않더라고요.

사례 5 저는 이 프로그램에서 다룬 내용들을 머리로는 잘 알겠는데 사실 실행이 잘 되지 않았어요. 지금도 몇 가지만 실행하고 여전히 예전처럼 아이에게 하고 나서 '아차! 이게 아닌데.' 하는 생각이 들어요. 물론 갑자기 모든 것을 바꿀 수는 없겠지만 제가 알게 된 모든 것들을 실천하면 좋겠다는 생각이 들어요. 저는 아이와 놀이하기만큼은 철저히 지키려고 해서 그런지 아이가 저와 놀이하는 것을 좋아해요. 그런 아이의 모습을 보면서 참 보람되고요. 정말 아이에 대해서 새로운 것들을 많이 알게 되었어요. 하지만 아직도 훈육이나 자녀에게 선택권 주기 등은 잘 안 되는 경우가 많아요.

사례 6 화가 나면 분노를 폭발적으로 표현하는 아이 때문에 정말 속상했고 가끔은 그런 아이가 무섭기도 했죠. 그런데 이 프로그램을 하면서 아이의 분노 조절이 조금씩 이루어져서, 이제는 파괴적인 행동을 하지 않게 되어 너무 감사해요. 그리고 무엇보다 아이의 분노 앞에서 더 이상은 무력한 엄마가 아니고 해결자 엄마로서의 역할을 할 수 있게 되어 저 스스로가 대견해졌어요.

사례 7 저는 자녀를 존중한다는 것이 어떤 의미인지 알게 된 것에 정말 감사해요. 그동안 제가 존중한 방식은 엄마인 제가 원하는 방식의 존중이었다는 것을 알게 된 순간 정말 창피하고 아이에게 미안했지요. 이런 제 마음을 아이에게 표현한 이후로 아이가 저와 함께 놀이하는 것을 정말 좋아하는데 눈물이 나더라고요. 물론 아직도 아이와 제 생각이 달라서 의견 충돌이 있기도 하지만, 아이는 당당하게 제게 자신의 생각을 이야기하고 저도 이제는 제 의견만을 강요하지 않고 아이가 진심으로 원하는 것이 무엇인지 고민하게 되었답니다. 그래서 아이와 제가 꽤 합의점을 잘 찾게 되었어요.

사례 8 저는 아이의 모든 행동이 부모 때문이 아니라는 것을 알게 되어서 정말 마음이 가벼워요. 아이가 조금만 실수해도 그것이 다 제 탓인 것 같고, 제가 잘못 양육해서 그렇다고 생각해서 아이의 모든 것을 제가 결정하려고 했거든요. 근데 그것이 틀렸다는 것을 알게 되어서 감사했어요. 자녀는 엄마인 나와 분리된 독립된 존재라는 것을 알게 되었고, 그래서 자녀는 자신의 일을 스스로 선택하고 책임져야 하며, 잘못된 선택을 한 결과로 수치스러운 일이 발생한다면 그것은 자녀의 몫이라는 것이 정말 저에게 많이 위로되었어요.

8주 동안 다룬 개념들을 부모님들이 익숙하게 활용하기에는 시간적으로 부족합니다. 즉, 매주 다루는 내용이 부모님들에게 완전하게 학습되어 익숙해지려면 3~4주 이상 연습해야 합니다. 따라서 8주 동안 실행한 프로그램을 앞으로 부모님들이 반복연습한다면 점차 더 효율적인 양육을 실행할 수 있을 겁니다.

④ 중심 개념 2: 부모-자녀 서약서

지금까지 8회에 걸쳐 경험한 부모의 역할과 기술들을 앞으로도 지속적으로 실행하기 위한 부모-자녀 서약서에 부모와 자녀가 각각 서약하도록 한다. 이 의식을 통해 본 프로그램은 총 9회로 마무리 짓게 되지만, 지금까지 학습한 개념과 기술들을 계속 연습하고 적용하여 부모-자녀 관계가 더욱 안정적으로 형성되도록 한다.

부모-자녀 서약서

〈부모〉

엄마 ○○○는
사랑하는 ♡♡♡를 위해
매주 1회 이상 놀이시간을 함께 할 것이고
아이의 말에 진심으로 귀 기울여 듣고 공감해 주며
아이의 건강을 위해 명상의 시간, 물건 관리, 생활 규칙 지키기 등을 잘 안내할 것입니다.
마지막으로 나는 우리 아이를 누구보다 믿고 신뢰하며 영원히 사랑할 것을 약속합니다.

20○○년 ○월 ○일　　서약자 ____________　(서명) ______________

〈자녀〉

♡♡♡는
긍정적이고 행복한 사람으로 성장하기 위해
엄마, 아빠와의 약속은 반드시 지키려고 노력할 것이며,
엄마, 아빠에게 언제나 정직할 것이며,
어떤 상황에서도 나의 장점과 나의 꿈을 생각하며,
힘들 때는 가족과 친구들의 도움을 받으며
최선을 다해 노력할 것을 약속합니다.

20○○년 ○월 ○일 서약자 ______________ (서명) ______________

⑤ 양육 워크북: 규칙적인 생활

마지막 9회기에 제시되는 양육 워크북 주제는 자녀가 규칙적으로 생활하도록 안내하는 내용이다. 부모와 자녀가 안정된 애착을 형성하는 것이 중요하지만, 이를 위해서는 먼저 자녀의 몸과 마음이 건강해야 한다. 자녀의 몸과 마음을 건강하게 성장시키고 유지하는 비결은 규칙적으로 생활하도록 하는 것이다. 부모용 워크북 내용에 따라 아이의 생활 리듬을 점검하고 보완하도록 하자.

양육 워크북

9회기: 규칙적인 생활

아이의 몸과 마음을 모두 건강하게 유지하는 가장 기본적인 방법은 규칙적인 생활입니다. 적당한 수면과 적당한 휴식, 적당한 운동과 적당한 음식 섭취 등의 규칙적인 생활은 자녀의 몸과 마음에 안정감을 제공하기 때문입니다. 따라서 자녀의 일상생활이 규칙적으로 운영되도록 계획하고 그 계획대로 지켜지도록 해야 합니다.

생활계획표를 만들 때는 너무 상세하게 시간을 나누기보다 커다란 묶음으로 하는 것이 좋습니다.

정확히 시간을 지키는 것보다는 사건의 순서로 계획하고, 대략 시간대를 정해서 운영되도록 하면 계획대로 잘 운영되고 실천할 수 있습니다. 즉, 기상 ⇨ 학교 등원 ⇨ 학교생활 ⇨ 귀가 ⇨ 휴식 및 간식 ⇨ 숙제 ⇨ 집안일 돕기 ⇨ 저녁식사 ⇨ 취침 등과 같이 사건 위주로 계획하는 것이 좋습니다. 이런 계획이 늘 반복적으로 운영되면 아이는 자신이 다음에 할 일이 무엇인지를 예측할 수 있기 때문입니다. 그리고 주말이나 휴일 시간표는 다른 형식으로 좀 더 느슨하게 계획하는 것이 적합합니다.

충분한 수면은 아이들의 성장에 중요한 요소이며, 더구나 애착에 문제가 있는 아이들에게는 아주 중요한 일입니다. 이 아이들은 심리적으로 매우 불안한 특성을 가지고 있기 때문에 충분한 수면을 통해 안정감을 취할 수 있어야 하기 때문입니다. 밤에 잠을 충분히 잘 수 있도록 환경과 상황을 조성하여 아이가 편안히, 푹 오랜 시간 잠들 수 있게 하십시오. 아이가 잠든 그 시간이 부모님께 아주 귀중한 휴식의 시간이 되므로 이 시간 동안 부모님은 지친 몸과 마음을 휴식하셔야 합니다.

일반적으로 건강한 애착을 형성한 아이들보다 좀 더 잠을 많이 자는 것이 좋습니다. 매일 8~10시간 정도가 자야 합니다. 되도록 10시 전에는 반드시 잠자리에 들도록 하는 것이 좋으며, 가능하다면 9시에 취침하도록 하는 것이 더욱 좋습니다. 그리고 아침에 6~7시쯤 기상하는 것이 적합합니다. 만약 자녀가 취학 전이라면 좀 더 이른 시간인 8~9시쯤에 취침하도록 해야 합니다.

활동지 1: 자녀의 규칙적인 생활 점검

☺ 자녀의 생활계획표 작성하기

1 자녀의 오전, 오후, 저녁의 주요 일과 목록을 정리해 보세요. 단, 시간대별로 1~2개 정도가 적합합니다.

예

시간대	주요 일과	참 고
오전	1. 기상 2. 학교 등원	
오후	1. 학원 2. 간식 3. 숙제	
저녁	1. 저녁식사 2. 책 읽기 3. 잠자기 준비	

시간대	주요 일과	참 고
오전		
오후		
저녁		

2 아침 기상시간과 저녁 잠들기 시간을 정하세요.

3 아이의 기상시간부터 잠들기 시간까지의 주요 일과 순서대로 하루일과 계획표를 작성하세요.

4 동일한 방법으로 토요일, 일요일, 공휴일의 일과계획표를 작성하되, 세부적이지 않고 시간을 융통적으로 사용할 수 있도록 작성하세요.

활동지 2: 하루 일과계획표

예 일요일 일과계획표

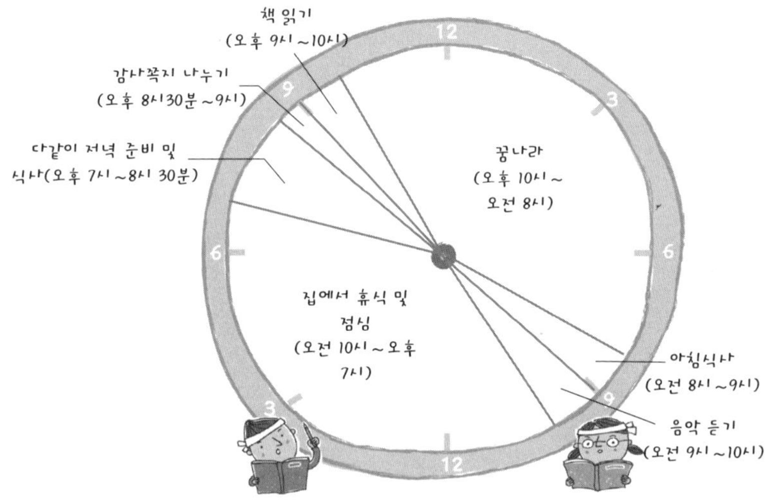

예 토요일 / 공휴일 일과계획표

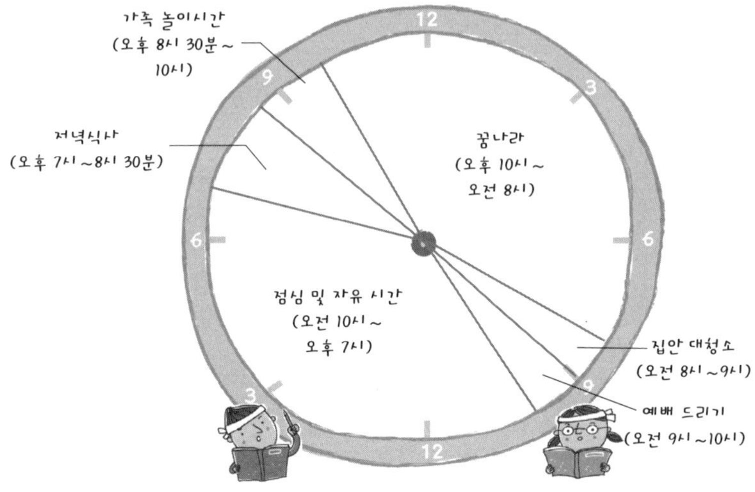

☺ 하루 일과계획표 그리기

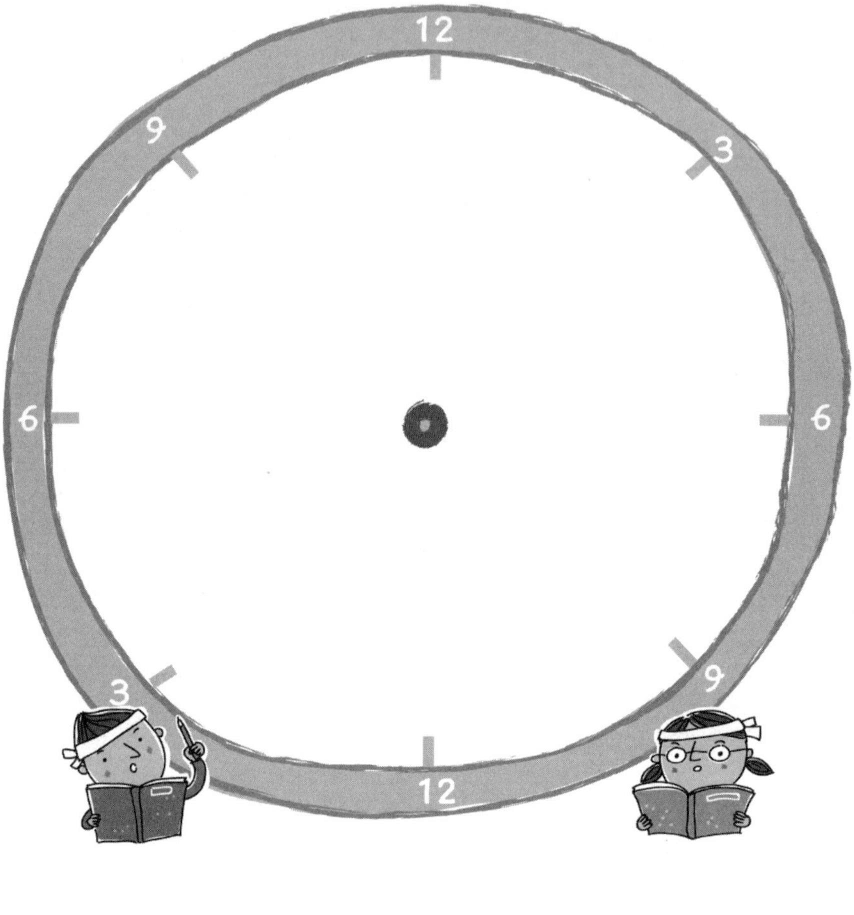

활동지 3: 잠들기 힘들어하는 아이를 위한 잠들기에 도움이 되는 방법

1 잠들기 준비 절차를 공식화하세요.

아이들은 잠들기 준비를 실천하면서 자야 할 시간임을 수용하게 됩니다. 따라서 잠자리에 눕기 전에 해야 하는 일들을 순서대로 실행하면서 잠자리 준비를 하면 잠드는 것에 대한 거부감을 없앨 수 있습니다.

예 이 닦기 / 세수 또는 샤워 하기 / 소변 보기 ⇨ 잠옷으로 갈아 입고 겉옷은 정리해 두기 ⇨ 엄마, 아빠한테 인사하기 ⇨ 잠자리에 눕기

2 잠들 때 반드시 지켜야 하는 규칙을 정하고 실행하도록 하세요.

- 정해진 시간에 반드시 잠자리에 들어야 한다.
- 잠자리에 들어가면 절대 일어나거나 방 밖으로 나올 수 없다.
- 잠자는 동안 방 안에 작은 불을 켜 둘 수 없고 문은 반드시 닫아야 한다.

엄마, 아빠는 아이가 잠자리에 누우면 간단한 동화책 읽어 주기 1회, 아이를 위한 기도 등 10분 내외 시간 동안 아이 재우기를 해 줄 수 있습니다.

3 잠드는 데 도움이 되는 간단한 방법은 다음과 같습니다.

- 잠들기 1시간 전에 간단한 체조나 운동하기(에너지가 많은 아이에게 도움이 됨)
- 따뜻한 우유나 허브차 마시기
- 잠들기 30분 전에 따뜻한 물로 목욕 또는 반신욕 하기

활동지 4: 잠들기 힘들어하는 아이를 위한 단계별 잠자는 시간 늘리기

현재 아이의 수면시간이 8~10시간이 안 된다면 단계적으로 수면시간을 늘리도록 하십시오.

① 처음 일주일은 아이의 원래 수면 시간대로 자도록 합니다.
② 그다음 주부터는 일주일에 30분씩 잠드는 시간을 앞당기도록 하세요.
③ 이와 같은 방법으로 부모님이 계획하신 잠드는 시간에 맞추어 수면을 취하도록 하세요.

단, 아이가 완전히 잠들 때까지 가장 잠들기 좋은 환경을 구성해 주어야 합니다. 즉, 조용하고 어둡고 따뜻한 분위기에서 잠들 수 있도록 TV 등의 매체를 끄고, 집안 전체의 조명도 어둡게 하며, 아이의 방은 완전히 불을 꺼 주시고, 손님의 방문도 가능한 한 없도록 해야 합니다.

참고문헌

김승권 외(2004). 2003년 전국 출산력 및 가족보건 · 복지실태조사. 한국보건사회연구원

김익균 · 박은미 · 이정남(2009). 가족복지론. 서울: 동문사

민성혜 · 김경은 · 김리진 · 이화영(2010). 영유아사회교육. 서울: 신정 출판사

박서영 · 박성연(2007). 어머니의 삶의 만족감 및 양육행동과 남녀 유아의 사회적 유능성 간의 관계. 인간발달연구, 14(2), 29-51.

박응임(1999). 미래의 아동발달-아동발달 연구의 과거와 현재 및 미래전망. 새천년의 가정생활문화, 65-78.

성은현 · 조경자 · 이문정(2008). 어머니의 양육행동과 창의적 가정환경 및 유아의 창의적 성격 간의 관계. 육아지원연구, 3(1), 27-40.

우수경(2004). 가정환경이 유아의 정서능력에 미치는 영향. 유아교육연구, 24(4), 75-94.

윤선영 · 정혜숙(2010). 유아의 자아존중감에 영향을 미치는 부모의 양육행동 탐색. 유아교육학논집, 14(5), 27-54.

이진화(2009). 어머니의 놀이신념 및 양육행동과 유아의 상호작용적 또래놀이와의 관계. 한국유아교육, 보육행정연구, 13(2), 327-344.

이혜상(2003). 취업모의 양육태도와 유아의 부적응 행동간의 관계. 열린유아교육연구, 8(3), 337-354.

전효정(2003). 어머니-유아 애착의 세대간 전이의 메커니즘: 어머니의 내적 실행모델과 자녀양육행동이 유아의 애착유형에 미치는 영향. 열린유아교육연구, 8(3), 159-174.

정계숙 · 이은하(2003). 어머니의 거부적 양육태도로 인한 반항적/적대적 행동문제 유아의 놀이치료 사례연구. 유아교육논총, 12, 51-78.

최선희(1998). Circumplex Model의 한국적 임상적용을 위한 일 연구. 연세사회복지연구, 5, 245.

한태숙 · 황혜정(2010). 어머니의 인구학적 특성, 정서성, 부부갈등 및 양육관련 변인이 유아의 애착에 미치는 영향. 유아교육연구, 30(5), 99-119.

홍주영 · 도현심(2002). 부부갈등 및 부모에 대한 애착과 청소년의 또래관계간의 관계. 한국가정관리학회지, 20(5), 125-136.

Beton, D. A.(2006). 미소의 카리스마. 강혜정 역. 서울: 달과 소.

Bowlby, J. (1988). *A secure base.* New York: Basic Books.

Feeney, J. A., Noller, P., & Callan, V. J. (1994). Attachment style, communication, and satisfaction in the early years of marriage. In K. Bartholomew & D. Perlman (Eds.), *Advances in personal relationships: Attachment process in adulthood,* Vol.5 (pp. 269-308). London: Jessica-Kingsley.

Olson, D. H., Portner, J., & Levee, Y. (1985). *FACES III, Family social Science.* University of Minesota.

Thomas, A., & Chess, S. (1977). *Temperament and development.* New York: Brunner/Mazel.

저자 소개

✎ 신혜원 (서경대학교 아동학과 교수)

어린 시절에 부모와 맺게 되는 관계(애착관계)의 질이 그 아동의 평생을 좌지우지한다는 믿음을 가지고 오랜 시간 교육현장에서 부모와 자녀가 모두 행복해지는 다양한 방법을 찾으며 실행해 왔고, 이를 보다 체계화하기 위해 놀이치료 공부와 아동가족학과 박사를 취득하였다. 실제적 · 학문적 경험을 토대로 각 가정의 특색에 따라 가장 안정적인 양육법이 세워져야 한다는 원칙을 가지고 'SBS TV 우리 아이가 달라졌어요' 프로그램의 기획부터 참여하여 첫 회의 〈울보공주 예빈이〉를 시작으로 여러 사례를 다루는 등 지금도 행복한 부모와 자녀가 되도록 지원하는 일에 참여하고 있다. 엄마, 아빠들이 자녀 양육을 고행의 길이 아니라 가장 보람되고 행복한 시간으로 여기며 건강한 가족생활을 누리기 바라는 마음에서 즐겁게 저술하였다.
저서로는 『아이는 어떤 맘일까』(2007), 『내 아이 똑소리나게 키우는 육아테크닉』(2004), 『우리집은 내 놀이터』(1999), 『보육교사론』(2008), 『부모-자녀 관계에 대한 유아의 정신적 표상』(2007) 등이 있다.

✎ 민성혜 (고려사이버대학교 아동보육학과 부교수)

아이가 행복해야 가정이 행복하고, 가정이 행복해야 국가가 행복하다는 단순한 명제를 마음에 품고 어린이집과 유치원에서 아이들과 그 가족을 대상으로 십수년간 교육을 펼쳐 왔으며, 그런 과정에서 보다 체계화된 교육을 위해 아동가족학 박사학위를 취득하였다. 이후 남서울대학교 아동복지학과 교수로 근무하면서 특히 부모-자녀 관계와 위축아동에 관심을 갖고 연구와 저서활동을 하였다. 아이들의 입장에서 아이들의 마음을 읽어 주어야 하며 아이들의 관점으로 교육시켜야 한다고 믿으면서 지금 세대보다 앞으로의 세대가 더 훌륭하고 행복한 세대가 되기를 바라는 마음으로 이 책의 저술에 참여하였다.
저서로는 『보육교사론』(2008), 『영유아 사회교육』(2010), 『유아의 문제행동』(2007), 『영유아 관찰 및 실습』(2009) 등이 있으며 위축성향 유아들에 대한 다수의 연구가 있다.

✎ **정익중** (이화여자대학교 사회복지전문대학원 교수)

2004년 위스타트운동이 처음 출발할 때부터 직접 관여하여 한국형 빈곤아동 조기지원 포괄적 서비스가 자리잡는 데 많은 기여를 하였다. 이후 보건복지부가 위스타트모형을 국가정책화한 드림스타트의 홍보평가사업단 단장을 역임하는 등 빈곤아동의 삶의 질을 높이는 데 기여하고 있다. 더불어 지역아동센터중앙지원단 자문위원, 전국지역아동센터협의회 이사 등으로 활동하면서 빈곤아동의 최일선 사례관리기관인 지역아동센터의 내실화와 전문화에 힘쓰고 있다. 또한 가정 내에서 보호할 수 없는 가정외 보호아동의 복지를 위해 중앙가정위탁지원센터, 중앙아동보호전문기관 등의 자문위원으로 활동하고 있으며 그와 관련된 다양한 연구를 진행하고 있다. 주로 힘들고 어려운 아이들을 다루다 보니 세 아이의 아빠로서 제 역할을 못할 때가 있으나 누구보다 부모-자녀 관계에 관심을 가지고 있고 가능한 많은 시간을 함께 하려고 노력하고 있다.

저서로는 『지역아동센터의 이해와 실제』(2010), 『아동청소년 방과후 서비스의 현황과 과제』(2009), 『아동복지론』(2008), 『아동청소년복지네트워크의 이론과 실제』(2008), 『빈곤아동과 삶의 질』(2005) 등이 있다.

✎ **권지성** (침례신학대학교 사회복지학과 부교수)

국내 공개입양가족 모임인 한국입양홍보회를 대상으로 박사학위논문을 쓰면서 입양 분야에 발을 들여놓았고, 이후 입양아동발달종단연구의 연구원으로 참여하면서 지속적으로 입양에 대한 연구를 수행하고 있다. 입양실무자, 연장입양가족, 국외입양으로도 연구 대상과 주제를 넓혀 왔으며, 평생 입양연구자로 살아갈 작정이다. 둘째 아들을 입양한 이후 새롭게 눈을 뜨게 되었으며, 입양부모로서도 계속 성장하기 위해 노력하고 있다.

저서로는 『공개입양가족의 적응』(2005), 『누가 진짜 부모인가?』(2006), 『질적 연구방법론: 다섯 가지 접근』(2010), 『사회복지 질적 연구방법론의 실제』(2008) 등이 있다.

유아기 자녀를 둔 부모용 지침서

행복한 부모, 건강한 자녀

〈부모-자녀 관계증진 프로그램〉

2011년 4월 25일 1판 1쇄 인쇄
2011년 4월 30일 1판 1쇄 발행

지은이 • 신혜원 · 민성혜 · 정익중 · 권지성
펴낸이 • 김진환
펴낸곳 • (주) 학지사
121-837 서울특별시 마포구 서교동 352-29 마인드월드빌딩 5층
대표전화 • 02)330-5114 팩스 • 02)324-2345
등록번호 • 제313-2006-000265호

홈페이지 • http://www.hakjisa.co.kr
커뮤니티 • http://cafe.naver.com/hakjisa

ISBN 978-89-6330-687-2 94180
978-89-6330-686-5 (set)

정가 12,000원